走进王阳明心学

郑建阳 —— 著

中国财富出版社有限公司

图书在版编目（CIP）数据

走进王阳明心学 / 郑建阳著. —北京：中国财富出版社有限公司，2024.6

（2025.6重印）.-- ISBN 978-7-5047-8183-3

Ⅰ. B248.25

中国国家版本馆CIP数据核字第2024VG1383号

策划编辑 张彩霞	**责任编辑** 郝婧婕	**版权编辑** 武　玥	
责任印制 梁　凡	**责任校对** 张营营	**责任发行** 杨恩磊	

出版发行 中国财富出版社有限公司

社　　址 北京市丰台区南四环西路188号5区20楼　　**邮政编码**　100070

电　　话 010-52227588 转 2098（发行部）　　　010-52227588 转 321（总编室）

010-52227566（24小时读者服务）　　　010-52227588 转 305（质检部）

网　　址 http://www.cfpress.com.cn　　**排　　版** 宝蕾元

经　　销 新华书店　　　　　　　　　　　**印　　刷** 北京九州迅驰传媒文化有限公司

书　　号 ISBN 978-7-5047-8183-3 / B · 0578

开　　本 880mm×1230mm　1/32　　　**版　　次** 2024 年 6 月第 1 版

印　　张 5.75　　　　　　　　　　　　**印　　次** 2025 年 6 月第 2 次印刷

字　　数 93千字　　　　　　　　　　　**定　　价** 49.00 元

自　序

　　余本愚陋之人，私欲杂乱，气质混浊，曾身处危难。多年前有幸得遇心学，其间领悟实践历经无数挫折，近来方有轻微所得，亦是极其幸运。若不学心学，终究会被内心私欲所吞噬，而置于险境。幸获阳明先生所救，对此深怀感激之情。

　　心学继承孔孟儒学真谛，此学千百年，传至先生那里，发展至高峰。弟子于先生之言深信不疑，然碍于资质愚钝、悟性欠佳，至此十余年未窥其藩篱。偶有一丝所得，然后知先生之说若水之寒，若火之热，痛快至极，不觉手舞足蹈。

　　余出书亦是对所学的一次归纳总结，同时亦可以与同志互相交流切磋、共同进步。

目　录

开篇总纲

心之本体

此心无私欲之蔽即是"心之本体"。

"心之本体",犹如天上之"日"。

"云"即私欲,拨"云"方能见"日"。

"心之本体"是一个概念,指向"心之本体"的词语却有多个。

以下词语皆指向"心之本体",只是从不同特性指向"心之本体"。

"心""良知""性""命""乐""定""诚""神""精""易""本体""天理""道心""至善""明德""不睹不闻""无善无恶""心如明镜""喜怒哀乐未发之中"。

从"心之本体"之"凝聚主宰"的特性来说称为"心"。

从"心之本体"之"意之明觉"的特性来说称为"良知"。

从"心之本体"之"禀受一定"的特性来说称为"性"。

从"心之本体"之"流行赋畀"的特性来说称为"命"。

从"心之本体"之"情绪感受"的特性来说称为"乐"。

从"心之本体"之"寂然不动"的特性来说称为"定"。

从"心之本体"之"真诚无妄"的特性来说称为"诚"。

从"心之本体"之"妙用不测"的特性来说称为"神"。

从"心之本体"之"凝聚为精"的特性来说称为"精"。

从"心之本体"之"屈伸消息往来"的特性来说称为"易"。

从"心之本体"之"本来面目"的特性来说称为

"本体"。

从"心之本体"之"脉络分明"的特性来说称为"天理"。

从"心之本体"之"物无不由"的特性来说称为"道心"。

从"心之本体"之"无一毫恶"的特性来说称为"至善"。

从"心之本体"之"光明德性"的特性来说称为"明德"。

从"心之本体"之"视听不见"的特性来说称为"不睹不闻"。

从"心之本体"之"无过无不及"的特性来说称为"无善无恶"。

从"心之本体"之"无所染著"的特性来说称为"心如明镜"。

从"心之本体"之"情感无所偏倚"的特性来说称为"喜怒哀乐未发之中"。

第一部分

心学基本概念与展开

1. 天理

圣人之心如明镜。（用"心如明镜"来指向"心之本体"）

圣人其心纯乎天理。（用"天理"来指向"心之本体"）

此心无私欲之蔽即是"天理"。

此心无私欲之蔽即是"心如明镜"。

此心无私欲之蔽即是"圣人"。

如此，"天理"即是"心如明镜"，即是"圣人"。

"天理"（"心如明镜"／"圣人"）又做如下解释：

此心没有一个"不正的想法"和一丝"不良的情绪"即是"天理"，即是"心如明镜"，即是"圣人"。

《传习录》原文：

先生曰："如何讲求得许多？圣人之心如明镜，只是一个明，则随感而应，无物不照。"

先生曰："圣人之所以为圣，只是其心纯乎天理而无人欲之杂。"

先生曰："此心无私欲之蔽，即是天理。"

2. 至善

至善者，心之本体。

心之本体即是天理。

"至善"即是"天理"。

"天理"即是"心如明镜"，即是"圣人"。（基本概念第1条）

"至善"即是"心如明镜"，即是"圣人"。

《传习录》原文：

先生曰："至善只是此心纯乎天理之极便是。"

先生曰："至善者，心之本体。"

先生曰："心之本体即是天理。"

3. 良知

良知即是天理。

"天理"即是"心如明镜",即是"圣人"。(基本概念第1条)

"良知"即是"心如明镜",即是"圣人"。

"良知"又做如下解释:

"良知"具备分辨出内心"不正的想法"和"不良的情绪"的能力。

《传习录》原文:

先生曰:"良知是天理之昭明灵觉处,故良知即是天理,思是良知之发用。"

先生曰:"尔那一点良知,是尔自家底准则。尔意念着处,他是便知是,非便知非,更瞒他一些不得。"

4. 道心

道心即天理。

"天理"即是"心如明镜",即是"圣人"。(基本概念第1条)

"道心"即是"心如明镜",即是"圣人"。

《传习录》原文:

先生曰:"然。心一也,未杂于人谓之道心,杂以人伪谓之人心。人心之得其正者即道心,道心之失其正者即人心,初非有二心也。程子谓:'人心即人欲,道心即天理。'语若分析,而意实得之。"

5.明德

"天理"即是"明德"。

"天理"即是"心如明镜",即是"圣人"。（基本概念第1条）

"明德"即是"心如明镜",即是"圣人"。

《传习录》原文：

先生曰："'天理'即是'明德'。"

6. 心即理

心之本体即是天理。

"天理"即是"心如明镜"，即是"圣人"。（基本概念第1条）

心之本体即是"心如明镜"，即是"圣人"。

《传习录》原文：

先生曰："心之本体即是天理。"

7. 无善无恶

无善无恶，是谓至善。

"至善"即是"心如明镜"，即是"圣人"。（基本概念第2条）

"无善无恶"即是"心如明镜"，即是"圣人"。

《传习录》原文：

先生曰："无善无恶者理之静，有善有恶者气之动。不动于气即无善无恶，是谓至善。"

8. 喜怒哀乐未发之中

未发之中，即良知也。

"良知"即是"心如明镜"，即是"圣人"。（基本概念第3条）

"喜怒哀乐未发之中"即是"心如明镜"，即是"圣人"。

《传习录》原文：

先生曰："'未发之中'即良知也。"

9.私欲

"人欲"即是"人的私欲"。

"私欲"即是"人欲"。

"私欲"即是"良知"知其内心"不正的想法"和"不良的情绪"。

《传习录》原文:

先生曰:"心即理也。此心无私欲之蔽,即是天理,不须外面添一分。以此纯乎天理之心,发之事父便是孝,发之事君便是忠,发之交友、治民便是信与仁。只在此心去人欲、存天理上用功便是。"

10. 格物

"格物"是去其心之不正，以全其本体之正。

"格物"即是"克除私欲"。

"私欲"即是"人欲"。

"格物"即是"去人欲"。

《传习录》原文：

先生曰："'格物'如孟子'大人格君心'之'格'，是去其心之不正，以全其本体之正。"

先生曰："毕竟从好色、好利、好名等根上起，自寻其根便见。如汝心中决知是无有做劫盗的思虑，何也？以汝元无是心也。汝若于货、色、名、利等心，一切皆如不做劫盗之心一般，都消灭了，光光只是心之本体，看有甚闲思虑？"

11. 止至善

"至善"即是"心如明镜",即是"圣人"。(基本概念第2条)

"止至善"即是"恢复到心如明镜"。

"止至善"即是"恢复成圣人"。(止之,是复其本然而已。)

《传习录》原文:

先生曰:"至善者性也,性元无一毫之恶,故曰至善。止之,是复其本然而已。"

12. 集义

集义是复其心之本体。

心之本体即是"心如明镜"，即是"圣人"。（基本概念第6条）

"集义"即是"恢复到心如明镜"。

"集义"即是"恢复成圣人"。

《传习录》原文：

先生曰："故'集义'亦只是致良知。"

先生曰："集义是复其心之本体。"

13. 致良知

"集义"亦只是致良知。

"集义"即是"恢复到心如明镜",即是"恢复成圣人"。(基本概念第12条)

"致良知"即是"恢复到心如明镜"。

"致良知"即是"恢复成圣人"。

以下亦可知"致良知"的意思:

"格物"是"致良知"的功夫。

"格物"是"止至善"的功夫。

"致良知"即是"止至善"。

"止至善"即是"恢复到心如明镜",即是"恢复成圣人"(基本概念第11条)

"致良知"即是"恢复到心如明镜"。

"致良知"即是"恢复成圣人"。

《传习录》原文：

先生曰："故'集义'亦只是致良知。"

先生曰："'格物'是'止至善'之功。"

先生曰："吾教人致良知在'格物'上用功。"

14. 存天理

"格物"是"止至善"的功夫。

"去人欲"是"存天理"的功夫。

"格物"即是"去人欲"。（基本概念第10条）

"至善"即是"天理"。（基本概念第2条）

"止至善"即是"存天理"。

"止至善"即是"恢复到心如明镜"，即是"恢复成圣人"。（基本概念第11条）

"存天理"即是"恢复到心如明镜"。

"存天理"即是"恢复成圣人"。

《传习录》原文：

先生曰："至善者性也，性元无一毫之恶，故曰至善。止之，是复其本然而已。"

先生曰："'格物'是'止至善'之功。"

15. 必有事焉

夫"必有事焉"只是"集义"。

"集义"即是"恢复到心如明镜",即是"恢复成圣人"。(基本概念第12条)

"必有事焉"即是"恢复到心如明镜"。

"必有事焉"即是"恢复成圣人"。

《传习录》原文:

先生曰:"夫'必有事焉'只是'集义','集义'只是'致良知'。"

16. 穷理

无时无处不是"存天理",即是"穷理"。

"存天理"即是"恢复到心如明镜",即是"恢复成圣人"。(基本概念第14条)

"穷理"即是"恢复到心如明镜"。

"穷理"即是"恢复成圣人"。

《传习录》原文:

先生曰:"无时无处不是'存天理',即是'穷理'。"

17. 尽性

穷理即是尽性。

"穷理"即是"恢复到心如明镜",即是"恢复成圣人"。(基本概念第16条)

"尽性"即是"恢复到心如明镜"。

"尽性"即是"恢复成圣人"。

《传习录》原文:

先生曰:"故穷理即是尽性。"

18. 明明德

"穷理"即是"明明德"。

"穷理"即是"恢复到心如明镜"，即是"恢复成圣人"。（基本概念第16条）

"明明德"即是"恢复到心如明镜"。

"明明德"即是"恢复成圣人"。

《传习录》原文：

先生曰："'穷理'即是'明明德'。"

19. 约礼

"约礼"只是要此心纯是一个天理。

"天理"即是"心如明镜"即是"圣人"。(基本概念第1条)

"约礼"即是"恢复到心如明镜"。

"约礼"即是"恢复成圣人"。

《传习录》原文:

先生曰:"'约礼'只是要此心纯是一个天理。"

20. 惟一

"约礼"即是"惟一"。

"约礼"即是"恢复到心如明镜"，即是"恢复成圣人"。（基本概念第19条）

"惟一"即是"恢复到心如明镜"。

"惟一"即是"恢复成圣人"。

《传习录》原文：

先生曰："'约礼'即是'惟一'。"

21. 惟精惟一

"惟一"即是"恢复到心如明镜",即是"恢复成圣人"。(基本概念第20条)

"惟精惟一"即是"克除私欲恢复到心如明镜"。

"惟精惟一"即是"克除私欲恢复成圣人"。

22. 立志

只念念要存天理，即是立志。

"存天理"即是"恢复到心如明镜"，即是"恢复成圣人"。（基本概念第14条）

"立志"即是内心时刻想着要恢复到心如明镜。

"立志"即是内心时刻想着要恢复成圣人。

《传习录》原文：

先生曰："只念念要存天理，即是立志。"

23.圣人

圣人之心如明镜。

"圣人"即是内心时刻都能恢复到心如明镜的人。

《传习录》原文:

先生曰:"如何讲求得许多?圣人之心如明镜,只是一个明,则随感而应,无物不照。"

24.心外无物

意之所在便是物。

譬如：

想去逛街，逛街就是一物。

想去吃饭，吃饭就是一物。

以此类推。

物在心上说的，就是事。

心外无物，即心外无事。

《传习录》原文：

先生曰："然。身之主宰便是心，心之所发便是意，意之本体便是知，意之所在便是物。"

徐爱曰："昨闻先生之教，亦影影见得功夫须是如此。今闻此，益无可疑。爱昨晓思，'格物'的'物'字，即是'事'字，皆从心上说。"

25.戒慎不睹，恐惧不闻

不睹不闻是良知本体。

"良知"即是"心如明镜"，即是"圣人"。（基本概念第3条）

"不睹不闻"即是"心如明镜"，即是"圣人"。

"戒慎恐惧"是"致良知"的功夫。

"格物"是"致良知"的功夫。

"戒慎恐惧"即是"格物"，即是"克除私欲"。

"致良知"即是"恢复到心如明镜"，即是"恢复成圣人"。（基本概念第13条）

"戒慎不睹，恐惧不闻"即是"克除私欲恢复到心如明镜"。

"戒慎不睹，恐惧不闻"即是"克除私欲恢复成圣人"。

《传习录》原文：

先生曰："盖不睹不闻是良知本体。"

先生曰："'戒慎恐惧'是致良知的功夫。"

先生曰："吾教人致良知在'格物'上用功。"

26.人心惟危，道心惟微，惟精惟一，允执厥中

人心惟危：人心即私欲，私欲是很危险的。

道心惟微：心如明镜（圣人）是十分精微高明的。
　　　　　　"道心"即是"心如明镜"，即是"圣
　　　　　　人"。（基本概念第4条）

惟精惟一：克除私欲恢复到心如明镜。
　　　　　　克除私欲恢复成圣人。

允执厥中：如此便自然无所偏，无入而不自得。

27.格物是致良知的功夫

"致良知"即是"恢复到心如明镜",即是"恢复成圣人"。(基本概念第13条)

"克除私欲"是"恢复到心如明镜"的功夫。

"克除私欲"是"恢复成圣人"的功夫。

"格物"即是"克除私欲"。

"格物"是"致良知"的功夫。

《传习录》原文:

先生曰:"吾教人致良知在'格物'上用功。"

28. 本体与功夫

"心之本体"只一个,指向其之词语有多个。
"功夫"只一个,指向其之词语有多个。

"心""良知""性""命""乐""定""诚""神""精""易""本体""天理""道心""至善""明德""不睹不闻""无善无恶""心如明镜""喜怒哀乐未发之中",这些词皆从"心之本体"的不同特性指向"心之本体"。

"克己""博文""惟精""格物""去人欲""道问学""明善""戒慎恐惧",这些词皆指向"复其心之本体"的"功夫",即是"克除私欲"。

"正心""诚意""致良知""复礼""集义""尽性""约礼""惟一""诚身""穷理""止至善""存天

理""明明德""尊德性""致中和""必有事焉""克明峻德"，这些词皆指向"复其心之本体"，即是"恢复到心如明镜"，即是"恢复成圣人"。

29. 致良知

徐爱说："心就像镜子。圣人心如明镜，常人心如昏镜。近代格物的学说，就像照镜子时只在照上用功一样，不知道镜子本身的昏暗，又怎么能照得清楚呢？先生的格物（克除私欲）学说，就像打磨镜面让其变明变亮，在磨镜上用功，镜子明亮之后自然就能够把外物照得清楚。"

此心有私欲之蔽即是"人心"，即是"心如昏镜"。
此心无私欲之蔽即是"道心"，即是"心如明镜"。
克除私欲从"心如昏镜"恢复到"心如明镜"便是"致良知"。

人人皆是凡人亦是圣人，即"凡圣一体"。
此心有私欲之蔽即是"凡人"。
此心无私欲之蔽即是"圣人"。

克除私欲从"凡人"恢复成"圣人"便是"致良知"。

致良知即是"超凡入圣"。

30.私欲产生的缘由

"心随境转"则私欲起生灭，心中私欲时生时灭，如水有波浪，此便是"着境"，即是"着相"。

"境随心转"则私欲无生灭，如水常通流，此便是"离境"，即是"不着相"。

初学者须得省察克治，将内心克除至无一毫私欲，此便是心如明镜，如此方能久居离境。

31. 心如明镜

"凡人"之心，时而"如昏镜"，时而"如明镜"。

当下此心没有一个不正的想法和一丝不良的情绪，当下即是心如明镜，即是圣人。

保持一小时心如明镜，便是做一小时的圣人。

保持一整天心如明镜，便是做一整天的圣人。

保持一个月心如明镜，便是做一个月的圣人。

保持一整年心如明镜，便是做一整年的圣人。

保持一辈子心如明镜，便是做一辈子的圣人。

32. 心如明镜与良能

吾之本体，本自未发之中。吾之本体，本自寂然不动。

吾之本体，本自廓然大公。吾之本体，本自不睹不闻。

吾之本体，本自无善无恶。吾之本体，本自心如明镜。

吾之本体，自能感而遂通。吾之本体，自能发而中节。

吾之本体，自能物来顺应。

"心如明镜"自能物来即照，物去不留，而镜不染著。

如此则：

"心如明镜"之"意"着于物自然能够"感而遂通""发而中节""物来顺应"的能力称为"良能"。

"心如明镜"即是"良能"之体。

"良能"即是"心如明镜"之用。

譬如"火"是"光"之体，"光"是"火"之用，有"火"即有"光"，无"火"即无"光"。

"良能"只在"恢复到心如明镜"时才呈现。

人心"恢复到心如明镜"，即是圣人，即拥有了"良能"，如此"良能"自然会发用，自然会处理好各种事物，则事物皆得其理，此即是一了百了的功夫。

人心"恢复到心如明镜"，即是圣人，则"良能"发用，该学习时就学习，该请教时就请教，该思考时就思考，该辨别时就辨别，该行动时就行动，自然会不断地精进把事情做好做对，无须外面添加一分一毫。

《传习录》原文：

先生曰："天理原自寂然不动，原自感而遂通。学者用功，虽千思万虑，只是要复他本来体用而已，不是以私意去安排思索出来。故明道云：'君子之学，莫若廓然而大公，物来而顺应。'"

先生曰："毕竟从好色、好利、好名等根上起，自寻其根便见。如汝心中决知是无有做劫盗的思虑，何也？以汝元无是心也。汝若于货、色、名、利等心，一切皆如不做劫盗之心一般，都消灭了，光光只是心之本体，看有甚闲思虑？此便是'寂然不动'，便是'未发之中'，便是'廓然大公'。自然'感而遂通'，自然'发而中节'，自然'物来顺应'。"

先生曰："如何讲求得许多？圣人之心如明镜，只是一个明，则随感而应，无物不照……只怕镜不明，不怕物来不能照。讲求事变，亦是照时事。然学者却须先有个明的功夫。学者惟患此心之未能明，不患事变之不能尽。"

33. 为什么要恢复到心如明镜

"神"即是心之本体，恢复到心如明镜，即是圣人，便拥有了"神"，如此即拥有妙用不测的处理事情的能力。

"易"即是心之本体，恢复到心如明镜，即是圣人，便拥有了"易"，如此即拥有灵活变化的处理事情的能力。

"明德"即是心之本体，恢复到心如明镜，即是圣人，便拥有了"明德"，如此即拥有光明的德性。

"乐"即是心之本体，恢复到心如明镜，即是圣人，便拥有了"乐"，如此即拥有快乐的情绪感受。

"未发之中"即是心之本体，恢复到心如明镜，即是圣人，便拥有了"未发之中"，如此即拥有清静的心理状态。

"诚"即是心之本体，恢复到心如明镜，即是圣人，便拥有了"诚"，如此即拥有真诚无妄的心理状态。

"良能"即是心之本体发用，恢复到心如明镜，即是圣人，便拥有了"良能"，如此即拥有感而遂通、发而中节、物来顺应的处理事情的能力。

34. 知行合一

"知行合一"，此"知"即是"致良知"。无私欲阻隔，即是恢复到心如明镜，即是圣人，如此良能发用，则自然能行。

"知而不行"即是"未知而不行"。"未知"即是"未致良知"。有私欲阻隔，则未能恢复到心如明镜，良能未能发用，所行亦只是冥行妄作，不是"真行"。

知之真切笃实处即是行。克除私欲至无一毫私欲，即是恢复到心如明镜，如此即是致良知，方能称得上"知之真切笃实"方是"真知"，即是"真行"。

行之明觉精察处即是知（明觉即是意之明觉，即是良知）。行动之中，良知一旦精察到任何一个私欲便当即克除，如此方能称得上"行之明觉精察"，即恢复到心如明镜，即是致良知。

克除私欲，恢复到心如明镜，良能发用便能从"未知而不行"转变为"知行合一"。

"知"即是"致良知"，即是恢复到心如明镜。

"知"即是"行"。

35.如何才能恢复到心如明镜

志不立，天下无可成之事。故立志而圣，则圣矣；立志而贤，则贤矣。

立志，即是内心时刻想着要恢复到心如明镜。

无事时，在内心省察是否有私欲存在。如有，则克除干净，如此便是恢复到心如明镜，即是圣人。

有事时，在内心省察是否有私欲产生。如有，则克除干净，如此便是恢复到心如明镜，即是圣人。

譬如一锅冰水，立志犹如锅下烈火，浮冰犹如私欲。

无立志则无烈火，浮冰总是去不得。有立志则有烈火，水热浮冰自然化去，即能克除私欲恢复到心如明镜。

至此用功不辍，道愈探愈精。

第二部分

《传习录》部分解读

1. 至善是心之本体

【原文】

爱问："'知止而后有定'，朱子以为'事事物物皆有定理'，似与先生之说相戾？"

先生曰："于事事物物上求至善，却是义外也。至善是心之本体，只是'明明德'到至精至一处便是，然亦未尝离却事物。本注所谓'尽夫天理之极，而无一毫人欲之私'者得之。"

【译文】

徐爱问："《大学》中说'知止而后有定'，朱熹认为'事事物物都有各自的定理'，这似乎与先生的学说不一样？"

先生说："在具体的事事物物上求至善（**心如明镜**），这是把义看成外在的东西了。至善（**心如明镜**）是心的本体，只要'明明德'（**恢复到心如明镜**），到'至精至一'（**心如明镜**）的地步就是了。当然，至善（**心如明镜**）也从没有脱离具体事物。朱熹所讲'穷尽天理之极而内心没有一丝私欲'的人，能达到这种至善（**心如明镜**）程度。"

【点评】

至善只在心中求。

此心无私欲之蔽即是至善。

2. 只是有个头脑

【原文】

爱问：“至善只求诸心，恐于天下事理有不能尽？”

先生曰：“心即理也，天下又有心外之事、心外之理乎？”

爱曰：“如事父之孝，事君之忠，交友之信，治民之仁，其间有许多理在，恐亦不可不察。”

先生叹曰：“此说之蔽久矣，岂一语所能悟！今姑就所问者言之。且如事父，不成去父上求个孝的理；事君，不成去君上求个忠的理；交友、治民，不成去友上、民上求个信与仁的理。都只在此心，心即理也。此心无私欲之蔽，即是天理，不须外面添一分。以此纯乎天理之心，发之事父便是孝，发之事君便是忠，发之交友、治民便是信与仁。只在此心去人欲、存天理上用功便是。”

爱曰：“闻先生如此说，爱已觉有省悟处。但旧说缠于胸中，尚有未脱然者。如事父一事，其间温清定省之类，有许多节目，不亦须讲求否？"

先生曰："如何不讲求？只是有个头脑，只是就此心去人欲、存天理上讲求。就如讲求冬温，也只是要尽此心之孝，恐怕有一毫人欲间杂；讲求夏清，也只是要尽此心之孝，恐怕有一毫人欲间杂，只是讲求得此心。此心若无人欲，纯是天理，是个诚于孝亲的心，冬时自然思量父母的寒，便自要去求个温的道理；夏时自然思量父母的热，便自要去求个清的道理。这都是那诚孝的心发出来的条件，却是须有这诚孝的心，然后有这条件发出来。譬之树木，这诚孝的心便是根，许多条件便是枝叶，须先有根然后有枝叶，不是先寻了枝叶，然后去种根。《礼记》言：'孝子之有深爱者必有和气，有和气者必有愉色，有愉色者必有婉容。'须是有个深爱做根，便自然如此。"

【译文】

徐爱问："至善（**心如明镜**）只是在心里面寻求，恐怕不能穷尽天下所有的事理吧？"

先生说："本心就是天理（**心如明镜**）。天下怎么会有心外的事和心外的理呢？”

徐爱说："比如侍奉父母的孝道、辅佐国君的忠心、结交朋友的信义、治理百姓的仁政，其中就有很多道理，恐怕不能不去认真仔细探索。"

先生感叹道："这种说法蒙蔽世人已经很长时间了，岂是一两句话就能说明白的！姑且就你提到的问题来说一下。比如侍奉父母，难不成是从父母身上寻求孝的道理？辅佐国君，难不成是从国君身上寻求忠心的道理？结交朋友、治理百姓，难不成是从朋友和百姓身上寻找信和仁的道理？都是从心上来的，本心就是天理（**心如明镜**）。人心如果没有被私欲蒙蔽，就是天理（**心如明镜**），不需要从外面添加任何东西。以此纯乎天理之心（**恢复到心如明镜**），表现在侍奉父母上，就是孝；表现在辅佐国君上，就是忠；表现在结交朋友、治理百姓上，就是信和仁。所以只要下功夫在内心中克除私欲、存天理（**恢复到心如明镜**）就行了。"

徐爱说："听先生这样一说，我已觉得有所领悟了。但是旧的观念还留在心中，还有没能完全明白的地方。比如在侍奉父母这件事上，温清定省这些具体的细节，不是也还需要讲个明白吗？"

先生说："这怎么能不讲求呢？只是要有主次，要在内心克除私欲、存天理（**恢复到心如明镜**）之后再去探求。就像冬天给父母保暖御寒，也只是要尽自己的孝心，里面不能有任何私欲；夏季给父母避暑降温，也只是要尽自己此心的孝道，其中不能有任何私欲，只是讲求有孝敬父母的这份心。如果自己的心没有任何私欲，是纯净的天理（**恢复到心如明镜**），是实实在在的孝顺父母的心，冬天自然就会关心父母冷不冷，自然会去给父母保暖御寒；夏天自然就会关心父母热不热，自然要去给父母避暑降温。这些行为都是从那颗诚恳、孝顺的心里产生的，但是必须先有这诚恳、孝顺的心，然后才会有这些具体行为。拿树木来比喻，诚恳、孝顺的心就是树根，具体孝顺的行为就是枝叶。必须先有根然后才会有枝叶，而不是先找到枝叶，然后再去种根。《礼记》中说：'孝子之有深爱者必有和气，有和气者必有愉色，有愉色者必有婉容。'若有一颗深爱之心作为根本，便自然会这样。"

【点评】

譬如一个人，如果内心老是纠结父母分家产少分了一些给他，心中便会产生对父母的诸多怨气。

如此便没有一个实实在在的孝顺父母的心，冬天就不会关心父母冷不冷，自然不会去给父母保暖御寒；夏天就不会关心父母热不热，自然就不会去给父母避暑降温。

凡事需要有个主次，务必先要恢复到心如明镜，良能发用则自然会去探求具体的细节。

3.至善只是此心纯乎天理之极便是

【原文】

郑朝朔问:"至善亦须有从事物上求者?"

先生曰:"至善只是此心纯乎天理之极便是,更于事物上怎生求?且试说几件看。"

朝朔曰:"且如事亲,如何而为温清之节,如何而为奉养之宜,须求个是当方是至善。所以有学问思辨之功。"

先生曰:"若只是温清之节、奉养之宜,可一日二日讲之而尽,用得甚学问思辨?惟于温清时,也只要此心纯乎天理之极;奉养时,也只要此心纯乎天理之极。此则非有学问思辨之功,将不免于毫厘千里之谬。所以虽在圣人,犹加'精一'之训。若只是那些仪节求得是当,便谓至善,即如今扮戏子扮得许多温清奉养的仪节是当,亦可谓之至善矣!"

爱于是日又有省。

【译文】

郑朝朔问："至善（**心如明镜**）也必须从具体事物上寻求吗？"

先生说："至善（**心如明镜**）只是让你的心达到最纯净的天理（**恢复到心如明镜**），从具体的事物上怎么寻求呢？你不妨试举几个例子。"

郑朝朔说："例如侍奉父母，怎样做才算是保暖降暑，怎样做才算是恰当的奉养，必须先寻求一个具体的标准，这才是至善（**心如明镜**）。所以就有了学问思辨的功夫。"

先生说："如果仅仅只是保暖降暑、恰当奉养，一两天就能讲求明白，哪里用得上学问思辨呢？做到保暖降暑、恰当奉养，只要自己的内心达到最纯净的天理（**恢复到心如明镜**）就行了。但是这样的话，如果没有在学问思辨上下功夫，也难免会有'差之毫厘，谬以千里'的错误。所以即使是圣人，也要用'惟精惟一'（**克除私欲恢复到心如明镜**）的功夫。如果认为只是追求礼仪表面细节上的恰当就是至善（**心如明镜**），那么现在演员在舞台上表演的给父母保暖降暑、恰当奉养的礼节仪式，就也可以称之为至善（**心如明镜**）了。"

徐爱在这天又有所领悟。

【点评】

若果真是一颗明镜的心，则此心无私欲阻隔。良能发用即是行，知行合一便是自然而然的事情，该学习时学习，该请教别人时请教别人，该行动时行动，自然会不断地精进，进而把事情做好做对，无须外面添加一分一毫。

4.知行合一

【原文】

爱因未会先生知行合一之训，与宗贤、惟贤往复辩论，未能决，以问于先生。

先生曰："试举看。"

爱曰："如今人尽有知得父当孝、兄当弟者，却不能孝不能弟，便是知与行分明是两件。"

先生曰："此已被私欲隔断，不是知行的本体了。未有知而不行者，知而不行只是未知。圣贤教人知行，正是要复那本体，不是着你只恁的便罢。故《大学》指个真知行与人看，说'如好好色，如恶恶臭'。见好色属知，好好色属行，只见那好色时已自好了，不是见了后又立个心去好；闻恶臭属知，恶恶臭属行，只闻那恶臭时已自恶了，不是闻了后别立个心去恶。如鼻塞人虽见恶臭在前，鼻中不曾闻得，便亦不甚恶，亦只是不曾知臭。就如称某人知孝、某人知弟，必是其人已曾行孝、行弟，方可称他知孝、知弟。不成只是晓得说些孝、弟的话，便可称为知孝、知弟？又如知痛，必已自痛了方知痛；知寒，必已自寒了；知饥，必已自饥了。知行如何分得开？此便是知行的本体，不曾有私意隔断的。圣人教人必要是如此，方可谓之知。不然只是不曾知，此却是何等紧切着实的功夫！如今苦苦定要说知行做两个是什么意？某要说做一个是什么意？若不知立言宗旨，只管说一个两个，亦有甚用？"

爱曰："古人说知行做两个，亦是要人见个分晓，一行做知的功夫，一行做行的功夫，即功夫始有下落。"

先生曰："此却失了古人宗旨也。某尝说，知是行的主意，行是知的功夫；知是行之始，行是知之成。若会得时，只说一个知，已自有行在；只说一个行，已自有知在。古人所以既说一个知，又说一个行者，只为世间有一种人，懵懵懂懂的任意去做，全不解思惟省察，也只是个冥行妄作，所以必说个知，方才行得是。又有一种人，茫茫荡荡悬空去思索，全不肯着实躬行，也只是个揣摸影响，所以必说一个行，方才知得真。此是古人不得已补偏救弊的说话，若见得这个意时，即一言而足。

今人却就将知行分作两件去做，以为必先知了然后能行。我如今且去讲习讨论做知的功夫，待知得真了方去做行的功夫，故遂终身不行，亦遂终身不知。此不是小病痛，其来已非一日矣。某今说个知行合一，正是对病的药，又不是某凿空杜撰，知行本体原是如此。今若知得宗旨时，即说两个亦不妨，亦只是一个；若不会宗旨，便说一个，亦济得甚事？只是闲说话。"

【译文】

徐爱因为没能明白先生所言知行合一的意思，与宗贤和惟贤反复讨论，仍未能明白，于是问先生。

先生说："试着举个例子说明。"

徐爱说："现在的人都知道孝敬父母、尊敬兄长的道理，却不能做到。可见知与行分明是两码事。"

先生说："这就是已经被私欲蒙蔽了，不属于知行的本意。没有知（**致良知**）而不行的事，知而不行只是'未知'（**未致良知，未恢复到心如明镜**）。圣贤教人知和行，正是要复那本体（**恢复到心如明镜**），而不是让人只知道知和行就可以了。所以《大学》用'如好好色，如恶恶臭'来指给人看，什么是真正的知与行。看到美色是知，喜好美色是行，是在看到美色时就已经喜欢上了，不是见了以后另外再起个心意去喜欢它；闻到臭味是知，讨厌臭味是行，是在闻到恶臭时已经讨厌它了，不是闻了以后再起个心思去讨厌它。假如一个人鼻塞，身边虽然有臭味，但鼻子没有闻到，也就不觉得讨厌，这也是因为他不知道臭味。这就好比说某人孝敬父母、尊敬兄长，绝对是他已经做过孝敬父母、尊敬兄长的事情，才可以称他知孝知悌。难不成他只是说些孝敬父母、尊敬兄长的话，就可以称他孝敬父母、尊敬兄长了？再如知痛，肯定是自己痛了，才知痛；知寒，肯定是自己觉得寒冷；知饥，肯定是自己肚子饥饿了。知和行怎么分得开呢？这便是知和行的本来意思，没有被私欲蒙蔽。圣人教诲人一定要这样，才可以称之为知。不然只是未曾知晓。这都是多么紧切实际的功夫啊！现在人们非要把知行说成两回事，是什么意思？我要把知行说成是一回事，又是什么意思？若不懂得我立言的宗旨，只管说是一码事还是两码事，又有什么用呢？"

徐爱说："古人把知行说成两件事，也只是让人有所区分，一边做知的功夫，一边做行的功夫，这样功夫才能落到实处。"

先生说："这样做就丢失了古人的宗旨了。我曾说，知是行的主意，行是知的功夫；知是行的开始，行是知的结果。如果明白了其中道理，若说知，行已自在其中了；若说行，知也自在其中了。古人之所以分开说，是因为有一种人，稀里糊涂去做，全然不理解这样做的原因和道理，也只是肆意妄为，所以必须有一个知，他才能行得端正。还有一种人，异想天开，只会空想，全然不肯切实力行，所以说一个行，他方能知得真切。这是古人补偏救弊不得已的说法，如果认识到了这一点，一句话足够。现今的人非要把知行分为两件事，认为是先知后行。我如果先去讲习讨论做知的功夫，等知得真切再去做行的功夫，那么就会终生不得行，也必定终生不得知。这不是小病小痛，而是由来已久。我现在说知行合一，正是对症下药，这并非我凭空捏造，知行本体本来就是这样。现在如果知晓我立论的主旨，即使把知行分开说也无妨，其实仍是一体；如果不晓得我立论的主旨，即使说知行合一，又有何作用？只不过是说些无用的话罢了。"

【点评】

"知行合一"，此"知"即是"致良知"。无私欲阻隔，即是恢复到心如明镜，即是圣人，如此良能发用，则自然能行。

"知而不行"即是"未知而不行"。"未知"即是"未致良知"。有私欲阻隔，则未能恢复到心如明镜，良能未能发用，所行亦只是冥行妄作，不是真行。

克除私欲，恢复到心如明镜，良能发用便能从"未知而不行"转变为"知行合一"。

5.约礼即是惟一

【原文】

爱问:"先生以'博文'为'约礼'功夫,深思之未能得,略请开示。"

先生曰:"'礼'字即是'理'字。'理'之发见可见者谓之'文','文'之隐微不可见者谓之'理',只是一物。'约礼'只是要此心纯是一个天理。要此心纯是天理,须就'理'之发见处用功。如发见于事亲时,就在事亲上学存此天理;发见于事君时,就在事君上学存此天理;发见于处富贵贫贱时,就在处富贵贫贱上学存此天理;发见于处患难、夷狄时,就在处患难、夷狄上学存此天理。至于作止、语默,无处不然,随他发见处,即就那上面学个存天理。这便是'博学之于文',便是'约礼'的功夫。'博文'即是'惟精','约礼'即是'惟一'。"

【译文】

徐爱问："先生认为'博文'是'约礼'的功夫，我想了很长时间还是没能理解，请先生简单地给我讲一下。"

先生说："'礼'字就是'理'字。'理'表现出来被人看见就是'文'，'文'隐藏看不见就是'理'，它们原本是同一件事情。'约礼'是要让心达到纯净的天理（**恢复到心如明镜**）。要想使心成为纯净的天理（**恢复到心如明镜**），就必须从'理'看得见的地方下功夫。比如显现在侍奉父母时，就在侍奉父母这件事上学存此天理（**恢复到心如明镜**）；显现在辅佐君主时，就要在辅佐君主这件事上学存此天理（**恢复到心如明镜**）；显现在身处富贵、贫贱时，就要在身处富贵、贫贱时学存此天理（**恢复到心如明镜**）；显现在身处患难或居于蛮夷之地时，就要在身处患难或居于蛮夷之地时学存此天理（**恢复到心如明镜**）。至于是行动还是安静、开口还是沉默，都是这样，随时随地都要在这些事上学存此天理（**恢复到心如明镜**）。这就是'博学之于文'（**克除私欲**），就是'约礼'（**恢复到心如明镜**）的功夫。'博文'即是

'惟精'（**克除私欲**），'约礼'即是'惟一'（**恢复到心如明镜**）。"

【点评】

　　无论是侍奉父母还是上班创业，无论是身处富贵还是贫贱，在这些看得见摸得着的具体情况中去克除私欲即称为"博文"。

　　"博文"即是"惟精"，即是克除私欲。

　　"约礼"即是"惟一"，即是恢复到心如明镜。

6.道心即天理

【原文】

爱问："'道心常为一身之主，而人心每听命'，以先生'精一'之训推之，此语似有弊。"

先生曰："然。心一也。未杂于人谓之道心，杂以人伪谓之人心。人心之得其正者即道心，道心之失其正者即人心，初非有二心也。程子谓：'人心即人欲，道心即天理。'语若分析，而意实得之。今曰'道心为主而人心听命'，是二心也。'天理''人欲'不并立，安有'天理'为主，'人欲'又从而听命者？"

【译文】

徐爱问："朱熹说'道心（**心如明镜**）常为一身之主，而人心总是要听命于它'，但根据先生'精一'的说法来推敲，这句话似乎有问题。"

先生说："对。心只有一个。没有掺杂私欲时叫作道心（**心如明镜**），掺杂了私欲时叫作人心。人心达到纯净时就是道心（**心如明镜**），道心失去纯净时是人心，这原本并没有两颗心。程颐认为：'人心就是私欲，道心就是天理（**心如明镜**）。'单从这句话来分析，表达的意思是正确的。现在朱熹说'道心为主，而人心听命于道心'，这就是认为有两颗心了。'天理'和'人欲'不能同时存在，所以怎么能说'天理'为主，'人欲'听命于'天理'呢？"

【点评】

此心无私欲之蔽即是"道心"。

此心有私欲之蔽即是"人心"。

要么是道心，要么是人心，二者不能同时存在。

7.主一在天理

【原文】

陆澄问:"主一之功,如读书则一心在读书上,接客则一心在接客上,可以为主一乎?"

先生曰:"好色则一心在好色上,好货则一心在好货上,可以为主一乎?是所谓逐物,非主一也。主一是专主一个天理。"

【译文】

陆澄问:"主一的功夫,比如读书时就一心在读书上,接待客人时就一心在接待客人上,这样算是做到了主一吗?"

先生回答说:"好色就一心在好色上用功,喜欢财物就一心在喜欢财物上用功,这些也可以算是主一吗?这只能叫追逐外物,而不叫主一。主一是一心只在天理(**心如明镜**)上下功夫。"

【点评】

主一即是人生头等大事。

一心一意只想让自己的心如明镜一般。

8.立志

【原文】

问立志。

先生曰："只念念要存天理，即是立志。能不忘乎此，久则自然心中凝聚，犹道家所谓'结圣胎'也。此天理之念常存，驯至于美大圣神，亦只从此一念存养扩充去耳。"

【译文】

陆澄就怎样立志向先生请教。

先生说："内心时刻想着要存天理（**恢复到心如明镜**），就是立志。能时时刻刻不忘存天理（**恢复到心如明镜**），时间久了心中自然会凝聚产生天理（**心如明镜**），就像道家所说的'结圣胎'。心里一直有存天理（**恢复到心如明镜**）的念头，慢慢就能达到美、大、圣、神的境界，并且也只能从这一个念头来存养、扩充。"

【点评】

立志即是主一，即是人生头等大事。

一心一意只想让自己的心恢复到如明镜一般。

9. 圣人之心如明镜

【原文】

问："圣人应变不穷，莫亦是预先讲求否？"

先生曰："如何讲求得许多？圣人之心如明镜，只是一个明，则随感而应，无物不照。未有已往之形尚在，未照之形先具者。若后世所讲，却是如此，是以与圣人之学大背。周公制礼作乐以文天下，皆圣人所能为，尧、舜何不尽为之而待于周公？孔子删述《六经》以诏万世，亦圣人所能为，周公何不先为之而有待于孔子？是知圣人遇此时，方有此事。只怕镜不明，不怕物来不能照。讲求事变，亦是照时事。然学者却须先有个明的功夫。学者惟患此心之未能明，不患事变之不能尽。"

曰："然则所谓'冲漠无朕，而万象森然已具'者，其言何如？"

曰："是说本自好，只不善看，亦便有病痛。"

【译文】

陆澄问："圣人能够应变无穷，莫非是事先研究准备过？"

先生说："圣人怎么可能提前准备这么多东西呢？圣人的心如明镜，正是因为明，所以能随时感应，无物不照。已经照过的东西就不在镜中了，没有照的东西也不会先跑到镜中。如果像后世所说的这样，圣人提前做了准备，这就与圣人的学说相背离了。周公制定礼乐制度来教化天下，这都是圣人能做到的，尧、舜为什么不先做了，而要等周公来做呢？孔子删述'六经'来教化后世，这也是圣人能做到的，周公为什么不先做了，而要等孔子来做呢？由此可知，圣人只有在时机合适时才会做相应的事。只怕镜子不够明亮，不怕镜子照不见所遇之事物。处理变化的事情，就像镜子照当下发生的事情一样。只是学者却必须先有个明（**克除私欲**）的功夫。学者只担心此心未能明（**未恢复到心如明镜**），而不用担心无法处理好事物的变化。"

陆澄说："既然这样，那么程颐所说的'冲漠无朕，而万象森然已具'这句话怎么样呢？"

先生说："这句话本来说得很好，只是太过晦涩难懂，也就出现了问题。"

【点评】

圣人之道只在圣人的心，圣人之心如明镜。

心之本体如明镜一般，是人人原本都具备的，故称吾性具足。千方百计想让自己的心恢复到"如明镜"，恢复了以后"良能"自然而然能够处理好所面对的一切事情。

这是一了百了的功夫，是何其简单呀！

10.惟精惟一

【原文】

问："'惟精''惟一'是如何用功？"

先生曰："'惟一'是'惟精'主意，'惟精'是'惟一'功夫，非'惟精'之外复有'惟一'也。'精'字从'米'，姑以米譬之。要得此米纯然洁白，便是'惟一'意；然非加舂簸筛拣'惟精'之功，则不能纯然洁白也。舂簸筛拣是'惟精'之功，然亦不过要此米到纯然洁白而已。博学、审问、慎思、明辨、笃行者，皆所以为'惟精'而求'惟一'也。他如'博文'者即'约礼'之功，'格物致知'者即'诚意'之功，'道问学'即'尊德性'之功，'明善'即'诚身'之功，无二说也。"

【译文】

陆澄问："如何做'惟精''惟一'的功夫？"

先生说："'惟一'（**恢复到心如明镜**）是'惟精'（**克除私欲**）的目的，'惟精'（**克除私欲**）是'惟一'（**恢复到心如明镜**）的功夫，并非'惟精'之外还另有一个'惟一'。'精'字的部首为'米'，就以米来打个比方吧。想要米纯净洁白，这就是'惟一'（**恢复到心如明镜**）的意思；然而如果不经过春簸筛拣等'惟精'（**克除私欲**）的功夫，米就不会纯净洁白。春簸筛拣是'惟精'（**克除私欲**）的功夫，不过是为了让米达到纯净洁白而已。博学、审问、慎思、明辨、笃行这些，都是为求得'惟一'（**恢复到心如明镜**）而做的'惟精'（**克除私欲**）的功夫。其他比如'博文'（**克除私欲**）是'约礼'（**恢复到心如明镜**）的功夫，'格物致知'（**克除私欲**）是'诚意'（**恢复到心如明镜**）的功夫，'道问学'（**克除私欲**）是'尊德性'（**恢复到心如明镜**）的功夫，'明善'（**克除私欲**）是'诚身'（**恢复到心如明镜**）的功夫，道理都是一样的。"

【点评】

"惟精""博文""格物致知""道问学""明善""博

学、审问、慎思、明辨、笃行"皆是一个意思，即是克除私欲。

"博学、审问、慎思、明辨、笃行"，"学问思辨"亦只是在心上用功认真仔细审查是否存在私欲，如有则克除，"笃行"则是此功夫时时刻刻不可间断。

"惟一""约礼""诚意""尊德性""诚身"皆是一个意思，即是恢复到心如明镜。

11. 去人欲存天理

【原文】

问：“宁静存心时，可为‘未发之中’否？”

先生曰：“今人存心，只定得气。当其宁静时亦只是气宁静，不可以为‘未发之中’。”

曰：“‘未’便是‘中’，莫亦是求‘中’功夫？”

曰：“只要去人欲、存天理，方是功夫。静时念念去人欲、存天理，动时念念去人欲、存天理，不管宁静不宁静。若靠那宁静，不惟渐有喜静厌动之弊，中间许多病痛，只有潜伏在，终不能绝去，遇事依旧滋长。以循理为主，何尝不宁静？以宁静为主，未必能循理。”

【译文】

陆澄问：“宁静时存养心，能称为‘未发之中’（心如明镜）吗？”

先生说：“现在的人存养心，也只是控制着气。当他平静时也只是心气的平静，还不能算是'未发之中'（**心如明镜**）。"

陆澄说："'未'发出来便是'中'，这难道不也是求'中'的功夫吗？"

先生说："只有去除私欲、存天理（**恢复到心如明镜**）才能算是功夫。安静时一心想着去除私欲、存天理（**恢复到心如明镜**），行动时也一心想着去除私欲、存天理（**恢复到心如明镜**），而不在意是否宁静。如果依靠宁静来实现'中'，不仅会养成喜静厌动的毛病，而且其中许多问题，只是潜伏下来，难以得到根除，遇到事情依然会滋长。以遵循天理（**恢复到心如明镜**）为主，又怎么会不宁静呢？以追求宁静为主，就不一定能做到循天理（**恢复到心如明镜**）。"

【点评】

不管有事无事，都要克除私欲恢复到心如明镜。

12. 知识不长进

【原文】

问："知识不长进，如何？"

先生曰："为学须有本原，须从本原用力，渐渐'盈科而进'。仙家说婴儿，亦善譬。婴儿在母腹时，只是纯气，有何知识？出胎后，方始能啼，既而后能笑，又既而能识认其父母兄弟，又既而后能立、能行、能持、能负，卒乃天下事无不可能。皆是精气日足，则筋力日强，聪明日开。不是出胎日便讲求推寻得来，故须有个本原。圣人到'位天地、育万物'，也只从'喜怒哀乐未发之中'上养来。后儒不明格物之说，见圣人无不知、无不能，便欲于初下手时讲求得尽，岂有此理！"

又曰："立志用功，如种树然。方其根芽，犹未有干；及其有干，尚未有枝。枝而后叶，叶而后花、实。初种根时，只管栽培灌溉，勿作枝想，勿作叶想，勿作花想，勿作实想。悬想何益？但不忘栽培之功，怕没有枝叶花实？"

【译文】

陆澄问："学问没有进步，该怎么办？"

先生说："做学问需要有个根本，必须从根本上用功，循序渐进，才能有进步。道家用婴儿来作比喻，就十分恰当。婴儿在母亲肚子中时，只是一团气，有什么知识？出生后，才能哭，然后能笑，再然后能认识他的父母兄弟，能站立、能行走、能拿物、能背负，最后世上的各种事，没有他不能做到的。这都是因为婴儿的精气越来越充足，筋骨力量越来越强，智力慢慢增长，这些不是刚出生时就能得到的，所以必须有个根本。圣人达到'位天地、育万物'的境界，也只是从'喜怒哀乐未发之中'（**心如明镜**）一步步培养得来的。后世学者不理解格物（**克除私欲**）的道理，见到圣人无所不知、无所不明，想要刚一开始就把学问全部掌握，哪有这样的道理！"

先生接着说："立志（**内心时刻想着要恢复到心如明镜**）用功，就像种树一样。当它刚开始生根发芽时，没有树干；等到刚有树干时，还没有枝条。有了枝条然后才有树叶，有了树叶后才会开花结果。开始栽种时，只一心想着栽培、灌溉就行了，不用想枝、叶、花、果。空想又有什么用呢？只要不忘了下功夫栽培，还怕没有枝、叶、花、果吗？"

【点评】

做学问的根本即是从立志上慢慢培养。

13.事变亦只在人情里

【原文】

澄尝问象山在人情事变上做功夫之说。

先生曰:"除了人情事变则无事矣。喜、怒、哀、乐,非人情乎?自视、听、言、动以至富贵、贫贱、患难、死生,皆事变也。事变亦只在人情里,其要只在'致中和','致中和'只在'谨独'。"

【译文】

陆澄曾经向先生请教陆九渊在人情事变上下功夫的学问。

先生说:"除了人情事变就没有其他事情了。喜、怒、哀、乐,难道不是人情吗?视、听、言、动和富贵、贫贱、患难、生死,这些都是事变。事变也包含在人情当中,其中的关键就是'致中和'(**恢复到心如明镜**),而'致中和'的关键就在'谨独'(**克除私欲**)。"

14.万理灿然

【原文】

澄问:"仁、义、礼、智之名,因已发而有?"

曰:"然。"

他日,澄曰:"恻隐、羞恶、辞让、是非,是性之表德邪?"

曰:"仁、义、礼、智也是表德。性一而已,自其形体也谓之天,主宰也谓之帝,流行也谓之命,赋于人也谓之性,主于身也谓之心。心之发也,遇父便谓之孝,遇君便谓之忠。自此以往,名至于无穷,只一性而已。犹人一而已,对父谓之子,对子谓之父,自此以往,至于无穷,只一人而已。人只要在性上用功,看得一性字分明,即万理灿然。"

【译文】

陆澄问:"仁、义、礼、智的名称,是显现出来后才得以命名的吗？"

先生说："是的。"

某一天，陆澄又问："恻隐、羞恶、辞让、是非，是性（**心如明镜**）显现出来后才得以命名的吗？"

先生说："仁、义、礼、智也是性（**心如明镜**）显现出来后才得以命名的。性（**心如明镜**）只有一个，根据形体来说就叫天，根据主宰来说就叫帝，根据流行来说就叫命，根据赋予人来说就叫性（**心如明镜**），根据支配人的身体来说就叫心。明镜的心发挥出来后，遇到父母就叫作孝，遇到君主就叫作忠。以此类推，名称可以无穷无尽，但只是一个性（**心如明镜**）而已。比如一个人，对于父亲来说是儿子，对于儿子来说就是父亲。以此类推，名称可以无穷无尽，但只是一个人而已。人只要在性（**心如明镜**）上用功，把这个性（**心如明镜**）字弄明白，则一切道理都明白了。"

【点评】

用明镜的心对待父母就是孝。

用明镜的心对待老板就是忠。

用明镜的心对待朋友就是信。

用明镜的心对待客户就是仁。

用明镜的心对待孩子就是慈。

用明镜的心对待爱人就是爱。

…………

用明镜的心对待种种事情即有不同叫法。例如，仁、义、礼、智、恻隐、羞恶、辞让、是非，等等，名称可以无穷无尽。故先生讲"看得一性字分明，即万理灿然"。

15. 扫除廓清

【原文】

一日，论为学功夫。

先生曰："教人为学，不可执一偏。初学时心猿意马，拴缚不定，其所思虑，多是人欲一边，故且教之静坐，息思虑。久之，俟其心意稍定，只悬空静守，如槁木死灰，亦无用，须教他省察克治。省察克治之功则无时而可间，如去盗贼，须有个扫除廓清之意。无事时，将好色、好货、好名等私欲逐一追究搜寻出来，定要拔出病根，永不复起，方始为快。常如猫之捕鼠，一眼看着，一耳听着，才有一念萌动，即与克去，斩钉截铁，不可姑容，与他方便，不可窝藏，不可放他出路，方是真实用功，方能扫除廓清。到得无私可克，自有端拱时在。虽曰'何思何虑'，非初学时事。初学必须思省察克治，即是思诚，只思一个天理，到得天理纯全，便是'何思何虑'矣。"

97

【译文】

一天，大家在一起谈论做学问的功夫。

先生说："教人做学问，不可以偏执一端。刚开始学习时容易心猿意马、不能集中注意力，心里想的大多是个人私欲方面的事。所以，应该先教他静坐来平息杂念。时间久了，他的心思就会慢慢安定，但如果只是悬空守静，像槁木死灰一样，也没用，这时还要教他反省克除私欲的功夫。反省克除私欲的功夫不能间断，就像是铲除盗贼，必须要下决心彻底清除。没事的时候，把好色、贪财、好名等私欲全部找出来，一定要彻底清除，使其永远难以复发，这才算痛快。就像猫捕老鼠一样，眼睛盯着，耳朵听着，刚刚有一点儿私欲，就立刻态度坚决地将其克除，不可以姑息宽容，不可以窝藏，不可以放其逃走，这才是真正的用功，才能彻底除去私欲。等到没有私欲需要去除时，内心自然就会轻松自在。虽然《易经》里说'何思何虑'（**无私欲思考，无私欲考虑**），但这不是初学者可以做到的。初学时必须要在克除私欲上下功夫，只想着一个天理（**心如明镜**），到得天理纯全（**恢复到心如明镜**），就是'何思何虑'（**无私欲思考，无私欲考虑**）的时候了。"

【点评】

这是先生教人克除私欲的方法。

恢复到心如明镜，"良能"自然而然会发用，故称"何思何虑"。

16.正宜用功

【原文】

澄在鸿胪寺仓居，忽家信至，言儿病危，澄心甚忧闷，不能堪。

先生曰："此时正宜用功，若此时放过，闲时讲学何用？人正要在此等时磨练。父之爱子，自是至情，然天理亦自有个中和处，过即是私意。人于此处多认做天理当忧，则一向忧苦，不知已是'有所忧患不得其正'。大抵七情所感，多只是过，少不及者。才过，便非心之本体，必须调停适中始得。就如父母之丧，人子岂不欲一哭便死，方快于心？然却曰'毁不灭性'。非圣人强制之也，天理本体自有分限，不可过也。人但要识得心体，自然增减分毫不得。"

【译文】

陆澄在南京鸿胪寺住，忽收家信一封，说儿子病危，他心里十分忧愁，不能忍受。

先生说："现在正是用功的时候，如果放过这个机会，平时学习又有何用呢？人就是要在此时的事上磨炼。父爱子，是最自然的感情流露，但天理（**心如明镜**）也有个适度，超过这个度就是私欲。人大多认为按照天理（**心如明镜**）应当是一副忧戚状，便一味地悲怆起来，但这正是'有所忧患不得其正'。一般来说，七情的表露，往往过分的多，不及的少。稍稍有点过分，便不是心的本体（**心如明镜**），必须进行调节直到适中才好。比如父母过世，作为人子难道不想一下子哭死，来化解心中的悲痛？然而《孝经》却说'毁不灭性'。这并非圣人要强人所难，而是因为天理本体（**心如明镜**）自有限度，不可过度。人只要识得心体（**恢复到心如明镜**），自然不能增减分毫。"

【点评】

心学即是事上磨炼的学问。

磨炼什么？事情发生时，心可能会生出各种私欲，如此心可能会从明镜变成昏镜。

此刻正是用功之时，克除私欲让心从昏镜恢复到明镜。

17.体用一源

【原文】

"不可谓'未发之中'常人俱有。盖'体用一源'，有是体即有是用。有'未发之中'，即有'发而皆中节之和'。今人未能有'发而皆中节之和'，须知是他'未发之中'亦未能全得。"

【译文】

先生说："不能说平常人也都可以保持'未发之中'（**心如明镜**）。因为体用一源，有什么样的体就有什么样的用。有'未发之中'（**心如明镜**），就有'发而皆中节之和'（**自然无所偏，无入而不自得**）。现在的人不能做到'发而皆中节之和'（**自然无所偏，无入而不自得**），是因为他不能保持'未发之中'（**心如明镜**）。"

【点评】

心如明镜，便能发而中节。

心如昏镜，便未能发而中节。

发而中节，便知心如明镜。

未能发而中节，便知心如昏镜。

18.圣人心如明镜

【原文】

曰仁云："心犹镜也。圣人心如明镜,常人心如昏镜。近世格物之说,如以镜照物,照上用功,不知镜尚昏在,何能照?先生之格物,如磨镜而使之明,磨上用功,明了后亦未尝废照。"

【译文】

徐爱说："心就像镜子。圣人心如明镜,常人心如昏镜。近代格物的学说,就像照镜子时只在照上用功一样,不知道镜子本身是昏暗的,又怎么能照得清楚呢?先生格物(**克除私欲**)的学说,就像打磨镜面让其变明变亮,在磨镜上用功,镜子明亮之后自然就能够把外物照得清楚。"

【点评】

从明镜论可知徐爱得了先生的真传。

19. 物来顺应

【原文】

澄曰："好色、好利、好名等心，固是私欲，如闲思杂虑如何亦谓之私欲？"

先生曰："毕竟从好色、好利、好名等根上起，自寻其根便见。如汝心中决知是无有做劫盗的思虑，何也？以汝元无是心也。汝若于货、色、名、利等心，一切皆如不做劫盗之心一般，都消灭了，光光只是心之本体，看有甚闲思虑？此便是'寂然不动'，便是'未发之中'，便是'廓然大公'。自然'感而遂通'，自然'发而中节'，自然'物来顺应'。"

【译文】

陆澄说："好色、好利、好名等心思，当然是私欲。但闲思杂虑这些，为什么也称为私欲呢？"

先生说："这些毕竟还是从好色、好利、好名等根上产生的，自己去根上探求一下就能发现了。比如你心中一定知道自己没有做盗贼的心思，为什么呢？因为你根本就没有这种心思。如果你对财物、美色、名、利等的心思，全都像不做盗贼的念头一样，消灭干净，光光只是心之本体（**恢复到心如明镜**），还会有什么闲思杂虑呢？此便是'寂然不动'，便是'未发之中'，便是'廓然大公'。自然'感而遂通'，自然'发而中节'，自然'物来顺应'。"

【点评】

"心如明镜"之"意"着于物，自然能够"感而遂通""发而中节""物来顺应"，这种能力称为"良能"。

只要恢复到心如明镜，自然就能拥有"良能"。

20. 天下之大本

【原文】

澄问："喜、怒、哀、乐之'中''和'，其全体常人固不能有。如一件小事当喜怒者，平时无有喜怒之心，至其临时，亦能'中节'，亦可谓之'中''和'乎？"

先生曰："在一时一事，固亦可谓之'中''和'。然未可谓之'大本''达道'。人性皆善，'中''和'是人人原有的，岂可谓无？但常人之心既有所昏蔽，则其本体虽亦时时发见，终是暂明暂灭，非其全体大用矣。无所不'中'，然后谓之'大本'；无所不'和'，然后谓之'达道'。惟天下之至诚，然后能立天下之'大本'。"

曰："澄于'中'字之义尚未明。"

曰："此须自心体认出来，非言语所能喻。'中'只是天理。"

曰："何者为天理？"

曰："去得人欲，便识天理。"

曰："天理何以谓之'中'？"

曰："无所偏倚。"

曰："无所偏倚是何等气象？"

曰："如明镜然，全体莹彻，略无纤尘染著。"

曰："偏倚是有所染著，如著在好色、好利、好名等项上，方见得偏倚。若未发时，美色、名、利皆未相著，何以便知其有所偏倚？"

曰："虽未相著，然平日好色、好利、好名之心原未尝无。既未尝无，即谓之有；既谓之有，则亦不可谓无偏倚。譬之病疟之人，虽有时不发，而病根原不曾除，则亦不得谓之无病之人矣。须是平日好色、好利、好名等项一应私心扫除荡涤，无复纤毫留滞，而此心全然廓然，纯是天理，方可谓之喜、怒、哀、乐'未发之中'，方是天下之'大本'。"

【译文】

陆澄问："喜、怒、哀、乐的'中''和'（**心如明**

镜），常人自然无法时时刻刻做到。比如遇到一件应当喜怒的小事，平时没有喜怒之心，遇到这种事的时候，也能做到'中节'，这也能说是中正平和（**心如明镜**）吗？"

先生说："就一时一事来说，这当然也能说是'中''和'（**心如明镜**）。但不能说是大本、达道（**时刻都能恢复到心如明镜**）。人性本善，中正平和（**心如明镜**）是所有人原本就有的，怎么能说没有呢？但常人的心容易被私欲所遮蔽，虽然他的本体也会时刻显现出来，终究还是一会儿明（**心如明镜**）一会儿灭（**心如昏镜**），不是心的全体大用。无时无刻不'中'，然后才能被称为'大本'；无时无刻不'平和'，然后才能被称为'达道'。唯有天下最真诚的心，然后能立天下之'大本'（**恢复到心如明镜**）。"

陆澄说："我对'中'字的含义还不太清楚。"

先生说："这要从本心上体会，不是言语能够说清楚的。'中'只是天理（**心如明镜**）罢了。"

陆澄说："什么是天理（**心如明镜**）？"

先生说："克除私欲，就能认识天理（**心如明镜**）。"

陆澄说："天理（**心如明镜**）为什么被称为'中'？"

先生说："因为它不偏不倚。"

陆澄说："不偏不倚是什么样的景象？"

先生说："像明镜一样，全体晶莹，一尘不染。"

陆澄说："偏倚就是受到了沾染，如果一个人沾染了好色、贪利、慕名等事，就能看出其有所偏倚。若是没有产生这样的心思，对美色、名、利的喜爱都还没有显现出来，怎么能知道有所偏倚呢？"

先生说："虽然没有显现出来，但平时好色、贪利、慕名的念头并不是没有。既然不是没有，那就是有；既然是有，就不能称之为无所偏倚。例如人得了疟疾，虽然有时不发作，但病根未除，就不能称他为没病的人。必须将平时的好色、贪利、慕名等一切私欲全部清理干净，不留一丝一毫，此心完全纯净，纯是天理（**恢复到心如明镜**），这才能称为喜、怒、哀、乐'未发之中'（**心如明镜**），这才是天下'大本'。"

【点评】

心如明镜原是人人具有。

只是常人容易被私欲所遮蔽，故时而心如明镜，时而心如昏镜，这便不能叫作大本、达道。

只有时刻都能保持心如明镜的人方能达到大本、达道的境界。

21.省察克治

【原文】

先生曰："今为吾所谓格物之学者，尚多流于口耳。况为口耳之学者，能反于此乎？天理人欲，其精微必时时用力省察克治，方日渐有见。如今一说话之间，虽只讲天理，不知心中倏忽之间已有多少私欲！盖有窃发而不知者，虽用力察之尚不易见，况徒口讲而可得尽知乎？今只管讲天理来顿放著不循，讲人欲来顿放著不去，岂格物致知之学？后世之学，其极至只做得个'义袭而取'的功夫。"

【译文】

先生说："现在学习我的格物（**克除私欲**）学说的人，大多还只停留在口头的学习上。更何况那些喜欢空谈的人，能不这样吗？存天理（**心如明镜**）去私欲，当中精妙细微的地方必须时刻用心省察克治，才能逐渐有所发现。现在的人说话的时候，虽然嘴上讲存天理（**心如明镜**），但不知道心里刹那间已经产生了多少私欲！有偷偷萌发而自己不知道的私欲，即使用力反省，也不容易发现，何况只是口头上说说，能全部发现吗？如今只管口头上讲存天理（**恢复到心如明镜**），却放在一边不遵循着做，口头讲克除私欲，却放在一边不去实在用功，怎么会是格物致知（**克除私欲**）的学问呢？后世的学者，说到底也只是做表面文章的功夫罢了。"

【点评】

先生教我们不要做表面的文章，要切实下苦功夫克除私欲，恢复到心如明镜。

22.至善只在吾心

【原文】

问："'知止'者，知至善只在吾心，元不在外也，而后志定。"

曰："然。"

【译文】

陆澄问："'知止'，就是知道至善（**心如明镜**）只在自己的心中，原本不在心外，然后志向才能安定，是这样吗？"

先生说："是这样。"

23. 格物无间动静

【原文】

问："格物于动处用功否？"

先生曰："格物无间动静，静亦物也。孟子谓'必有事焉'，是动静皆有事。"

【译文】

陆澄问："格物要在动处用功吗？"

先生说："格物（**克除私欲**）不分动静，静时也是格物（**克除私欲**）。孟子所说的'必有事焉'（**恢复到心如明镜**），是不管动静都要有这件事。"

【点评】

"必有事焉"即是内心要有恢复到心如明镜这么一件事情。

志立了，自然而然会"必有事焉"。

24. 复其本然

【原文】

"至善者性也，性元无一毫之恶，故曰至善。止之，是复其本然而已。"

【译文】

先生说："至善（**心如明镜**）是心之本体，心之本体原本就没有一点儿恶，所以才称作至善（**心如明镜**）。止之，即是恢复到心的本来面目（**恢复到心如明镜**）。"

25. 是非之心人皆有之

【原文】

侃问："专涵养而不务讲求，将认欲作理，则如之何？"

先生曰："人须是知学。讲求亦只是涵养，不讲求只是涵养之志不切。"

曰："何谓知学？"

曰："且道为何而学？学个甚？"

曰："尝闻先生教，学是学存天理。心之本体即是天理，体认天理，只要自心地无私意。"

曰："如此则只须克去私意便是，又愁甚理欲不明？"

曰："正恐这些私意认不真。"

曰："总是志未切。志切，目视、耳听皆在此，安有认不真的道理？'是非之心，人皆有之'，不假外求。讲求亦只是体当自心所见，不成去心外别有个见。"

【译文】

薛侃问："只知道涵养本性而不注重求学讲论，把私欲认作天理（**心如明镜**），怎么办呢？"

先生说："人应当知学。求学讲论，也是涵养本性。不求学讲论，只是涵养本性的志向不够真切。"

薛侃问："什么是知学？"

先生说："你先说说为什么而学？学些什么？"

薛侃说："曾经听先生讲，学是学习存天理（**恢复到心如明镜**）。心的本体就是天理（**心如明镜**），体认天理（**恢复到心如明镜**），只要自己心里没有私欲。"

先生说："既然这样，那只要克除私欲就行了，又为什么发愁认不清天理私欲？"

薛侃说："正是担心不能看清这些私欲。"

先生说："还是志向（**内心时刻想着要恢复到心如明镜的志向**）不够真切。志向真切了，目视、耳听的都在心里，哪有认不真切的道理呢？分辨是非的能力，人人都有，不需要向外寻求。讲求学问也只是体会自己内心的所见，而不是到心外寻求其他见识。"

【点评】

立志是为学的第一要务。

立个内心时刻想着要恢复到心如明镜的志向。

26.圣人只是其心纯乎天理而无人欲

【原文】

希渊问："圣人可学而至，然伯夷、伊尹于孔子才力终不同，其同谓之圣者安在？"

先生曰："圣人之所以为圣，只是其心纯乎天理而无人欲之杂，犹精金之所以为精，但以其成色足而无铜铅之杂也。人到纯乎天理方是圣，金是足色方是精。然圣人之才力亦有大小不同，犹金之分两有轻重。尧、舜犹万镒，文王、孔子犹九千镒，禹、汤、武王犹七八千镒，伯夷、伊尹犹四五千镒。才力不同而纯乎天理则同，皆可谓之圣人，犹分两虽不同，而足色则同，皆可谓之精金。以五千镒者而入于万镒之中，其足色同也；以夷、尹而厕之尧、孔之间，其纯乎天理同也。盖所以为精金者，在足色而不在分两；所以为圣者，在纯乎天理而不在才力也。故虽凡人，而肯为学，使此心纯乎天理，则亦可为圣人，犹一两之金，比之万镒，分两虽悬绝，而其到足色处可以无愧。故曰'人皆可以为尧舜'者以此。学者学圣人，不过是去人欲而存天理耳，犹炼金而求其足色。金之成所争不多，则锻炼之工省而功易成，成色愈下则锻炼愈难。人之气质清浊粹驳，有中人以上、中人以下，其于道有生知安行、学知利行，其下者必须人一己百、人十己千，及其成功则一。

"后世不知作圣之本是纯乎天理，却专去知识才能上求圣人，以为圣人无所不知，无所不能，我须是将圣人许多知识才能逐一理会始得。故不务去天理上着功夫，徒弊精竭力，从册子上钻研、名物上考索、形迹上比拟。知识愈广而人欲愈滋，才力愈多而天理愈蔽。正如见人有万镒精金，不务锻炼成色，求无愧于彼之精纯，而乃妄希分两，务同彼之万镒，锡、铅、铜、铁杂然而投，分两愈增而成色愈下，既其梢末，无复有金矣。"

时曰仁在旁，曰："先生此喻，足以破世儒支离之惑，大有功于后学。"

先生又曰："吾辈用力，只求日减，不求日增。减得一分人欲，便是复得一分天理，何等轻快脱洒，何等简易！"

【译文】

蔡希渊问："普通人也可以通过学习达到圣人的境界，然而伯夷、伊尹在才智上与孔子有所不同，却一样被称为圣人，这是为什么呢？"

先生说："圣人之所以能成为圣人，只是因为他们的心是纯净的天理（**恢复到心如明镜**），没有掺杂任何私欲。就像纯金之所以成为纯金，只是因为它的成色足够，而没有掺杂任何铜、铅。人心达到纯净的天理（**恢复到心如明镜**）才是圣人，金子成色足够才是纯金。然而圣人的才智也有大小的不同，就像金的分量有轻重。尧、舜像万镒的金，文王、孔子像九千镒的金，夏禹、商汤、武王像七八千镒的金，伯夷、伊尹像四五千镒的金。虽然才智的大小不同，但心是一样纯净的天理（**恢复到心如明镜**），所以都可以称为圣人，就像分量虽然不同，然而成色都一样充足，就都能称为纯金。把五千镒金放入万镒金中，它们在足色程度上是一样的；把伯夷、伊尹和尧、孔子放在一起，他们内心达到的纯净天理（**恢复到心如明镜**）是相同的。因此金子之所以是纯金，在于成色足够，而不在分量多少；圣人之所以是圣人，在于内心的纯净的天理（**恢复到心如明镜**），而不在才智大小。所以，即使是普通人，只要愿意通过学习，使内心达到纯净的天理（**恢复到心如明镜**），也可以成为圣人。就像一两重的金子，与万镒重的金子相比，二者在分量上的差距虽然无比悬殊，然而它们在成色上，则丝毫没有差别。所以孟子说'人皆可以为尧舜'的原因就在这里。学者学习圣人，不过是克除私欲而存天理（**恢复到心如明镜**）而已，如同冶炼金子来追求足够的成色。金子的成色不差，那么冶炼就容易成功，成色越差，冶炼就越难。人的天生品质，有清澈、混浊之分，有中等以上、中等以下的区别，对于道的学习来说，有天生接近心如明镜的人，有通过学习后才能达到心如明镜的人；对于资质平庸的人来说，必须是别人付出一分努力，自己付出百分努力，别人付出十分努力，自己付出千分努力，这样最后取得的成就才是相同的。

后世的人不知道成为圣人的根本在于心达到纯净的天理（**恢复到心如明镜**），却只在学习知识、提高才能上付出努力来寻求成为圣人，以为圣人就是无所不知，无所不能，必须将圣人的许多知识才能一一学会才行。因此不在天理（**心如明镜**）上下功夫，而只是白白浪费精力，从书本上钻研、名物上考察、行为上模仿。在这种情况下，得到的知识越广博，私欲就越滋生；才识能力越高，天理（**心如明镜**）就越被蒙蔽。就比如看见别人拥有万镒纯金，不去冶炼自己的金子的成色，以求不比对方金子的成色差，反而只妄想同对方比较斤两，要与对方的万镒之重相同，将锡、铅、铜、铁都夹杂进去，如此一来分量是增长了，成色却越来越差，等炼到最后，就不再是金子了。"

当时，徐爱在一旁说道："先生这个比喻，足以打破世上学者支离破碎的说法，对于后世学者大有帮助。"

先生又说："我们用功学习，只是为了追求日渐减少私欲，不追求日渐增加知识。减少一分私欲，就是恢复一分天理（**恢复一分心如明镜**），这是多么轻快洒脱、多么简易啊！"

【点评】

常人立志恢复到心如明镜，亦是纯金，亦是圣人。在成色上与尧、舜、孔子、夏禹、商汤、武王等并没有什么区别，都是心如明镜。

27.主宰常定

【原文】

崇一问："寻常意思多忙，有事固忙，无事亦忙，何也？"

先生曰："天地气机，元无一息之停。然有个主宰，故不先不后，不急不缓，虽千变万化而主宰常定，人得此而生。若主宰定时，与天运一般不息，虽酬酢万变，常是从容自在，所谓'天君泰然，百体从令'。若无主宰，便只是这气奔放，如何不忙？"

【译文】

欧阳德问："平时内心很乱，有事的时候自然很忙，没事的时候也忙，这是怎么回事呢？"

先生说："天地的运转变化，原本就没有一刻停息，但是运转变化有个主宰（**心如明镜**），所以就不先不后，不急不缓。虽然千变万化，但是这个主宰（**心如明镜**）

不变，人得以生生不息。如果人的主宰（**心如明镜**）不变时，就像天地的运行一样，虽然千变万化，却一直能从容自在，这就是所谓的'天君泰然，百体从令'。如果没有主宰（**心如明镜**），便只是私欲在胡乱思考，怎么能不忙呢？"

【点评】

有了心如明镜这个主宰，事情虽千变万化，但良能发用，而能从容自在。真是简单之学，神奇之学，圣人之学！

28. 只论精一

【原文】

德章曰："闻先生以精金喻圣，以分两喻圣人之分量，以锻炼喻学者之功夫，最为深切。惟谓尧、舜为万镒，孔子为九千镒，疑未安。"

先生曰："此又是躯壳上起念，故替圣人争分两。若不从躯壳上起念，即尧、舜万镒不为多，孔子九千镒不为少。尧、舜万镒只是孔子的，孔子九千镒只是尧、舜的，原无彼我。所以谓之圣，只论'精一'，不论多寡。只要此心纯乎天理处同，便同谓之圣。若是力量气魄，如何尽同得？后儒只在分两上较量，所以流入功利。若除去了比较分两的心，各人尽着自己的力量精神，只在此心纯天理上用功，即人人自有，个个圆成，便能大以成大，小以成小，不假外慕，无不具足。此便是实实落落明善诚身的事。

后儒不明圣学，不知就自己心地良知良能上体认

127

扩充，却去求知其所不知，求能其所不能，一味只是希高慕大，不知自己是桀、纣心地，动辄要做尧、舜事业，如何做得？终年碌碌，至于老死，竟不知成就了个什么，可哀也已！"

【译文】

刘德章说："听说先生用纯金来比喻圣人，用金的轻重来比喻圣人的才智大小，用炼金来比喻学者所下的功夫，令人印象深刻。只是您说尧、舜是万镒金，孔子是九千镒金，对此我有疑惑。"

先生说："这又是从表面看问题了，所以才替圣人争辩轻重。如果不从表面上看问题，那么尧、舜的万镒金不算多，孔子的九千镒金也不算少。尧、舜的万镒金是孔子的，孔子的九千镒金也是尧、舜的，原本不分彼此。之所以称为圣人，只看纯净的心，而不看才智大小。只要内心都是纯净的天理（**恢复到心如明镜**），那么他们都能被称为圣人。如果比较力量精神，又怎么会完全相同呢？后世学者只计较轻重，因此才流于功利。如果摒除了比较轻重的想法，每个人都在自己的力量精神上尽力而为，只要在内心纯净的天理（**恢复到心如明镜**）上用功，那么就会人人具足，个个圆满，便是能力大的人有大成就，能力小的人有小成就，不必向外追慕，无不具足。这就是实实在在、明善诚身的事。后世学者不明白圣人学问，不知道在自己心中的良知良能上来扩充体会，却去追求认知那些自己不知道的，追求完成那些自己难以做到的，一味只是好高骛远。不知道自己是桀、纣一样的内心，却动不动想要成就尧、舜一样的事业，这怎么能成功呢？终年忙忙碌碌，直到衰老死去，也不知成就了什么，太可悲了！"

29.学而时习之，不亦说乎

【原文】

子仁问："'学而时习之，不亦说乎'，先儒以学为'效先觉之所为'，如何？"

先生曰："'学'是学去人欲、存天理。从事于去人欲、存天理，则自正诸先觉，考诸古训，自下许多问辨、思索、存省、克治功夫。然不过欲去此心之人欲、存吾心之天理耳。若曰'效先觉之所为'，则只说得学中一件事，亦似专求诸外了。'时习'者，'坐如尸'，非专习坐也，坐时习此心也；'立如斋'，非专习立也，立时习此心也。'说'是'理义之说我心'之'说'，人心本自说理义，如目本说色，耳本说声。惟为人欲所蔽所累，始有不说。今人欲日去，则理义日洽浃，安得不说？"

【译文】

子仁问："'学而时习之，不亦说乎'，以前的学者认为学习就是'效仿先贤的做法',是这样吗？"

先生说："'学'是学习去除私欲、存天理（**恢复到心如明镜**）。如果要去除私欲、存天理（**恢复到心如明镜**），那么自然会学习先贤们，考求于古训，自然会在问辨、思索、存省、克治上下很多功夫。然而这些也不过是要克除内心的私欲、存天理（**恢复到心如明镜**）罢了。如果说是"效仿先贤的行为"，那么只说了学习中的某一件事，也是专门向外寻求了。'时习'是'坐得端正'，不是专门学习坐，而是在坐时修习内心；'立得端正'不是专门学习站立，而是在站立时修习内心。'说'（悦）是'天理使我内心喜悦'之'说'（悦），人心原本就喜欢天理，就像眼睛原本就喜欢美色、耳朵原本就喜欢音乐一样，只是被私欲蒙蔽连累，因此才会不高兴。如今私欲渐渐被去除，则天理越来越纯净，怎么会不高兴呢？"

【点评】

先生详细地点评"学而时习之，不亦说乎"这句话的真正含义。

30.未发之中

【原文】

"颜子不迁怒，不贰过，亦是有'未发之中'始能。"

【译文】

先生说："颜回不迁怒于他人，不犯同样的过错，这是只有'未发之中'（**心如明镜**）功夫的人才有的能力。"

31.无中生有的功夫

【原文】

"种树者必培其根，种德者必养其心。欲树之长，必于始生时删其繁枝；欲德之盛，必于始学时去夫外好。如外好诗文，则精神日渐漏泄在诗文上去。凡百外好皆然。"

又曰："我此论学，是无中生有的功夫。诸公须要信得及，只是立志。学者一念为善之志，如树之种，但勿助勿忘，只管培植将去，自然日夜滋长，生气日完，枝叶日茂。树初生时，便抽繁枝，亦须刊落，然后根干能大。初学时亦然，故立志贵专一。"

【译文】

先生说："种树一定要培育树根，养德一定要修养内心。想要树木茁壮生长，一定要在开始时砍掉多余的枝条；想要德行盛大，一定要在初学时去除对外物的喜好。

133

如果喜好诗文，那么就会把精力日渐放在诗文上，其他各种喜好也都是这样。"

先生又说："我在这里讲学，讲的是无中生有的功夫。各位能相信的，只是立志（**内心时刻想着要恢复到心如明镜**）。学者一心向善的志向，就如同树的种子，只要不助长、不忘记，只管培养下去，自然能够日夜生长，生机也会日益旺盛，枝干树叶也会日益茂盛。树木刚生长的时候，会长出多余的枝条，这时需要将其除掉，然后树根、树干才能长大。初学时也是如此，所以立志最可贵之处在于专一。"

【点评】

立志贵在专一，人的精力总是有限的，要把有限的精力放在最重要的事情上。

32. 真己

【原文】

萧惠问："己私难克，奈何？"

先生曰："将汝己私来替汝克。"又曰："人须有为己之心，方能克己，能克己，方能成己。"

萧惠曰："惠亦颇有为己之心，不知缘何不能克己？"

先生曰："且说汝有为己之心是如何？"

惠良久曰："惠亦一心要做好人，便自谓颇有为己之心。今思之，看来亦只是为得个躯壳的己，不曾为个真己。"

先生曰："真己何曾离躯壳？恐汝连那躯壳的己也不曾为。且道汝所谓躯壳的己，岂不是耳、目、口、鼻、四肢？"

惠曰："正是为此。目便要色，耳便要声，口便要味，四肢便要逸乐，所以不能克。"

先生曰："'美色令人目盲，美声令人耳聋，美味令人口爽，驰骋田猎令人发狂。'这都是害汝耳、目、口、鼻、四肢的，岂得是为汝耳、目、口、鼻、四肢！若为着耳、目、口、鼻、四肢时，便须思量耳如何听，目如何视，口如何言，四肢如何动。必须非礼勿视、听、言、动，方才成得个耳、目、口、鼻、四肢，这个才是为著耳、目、口、鼻、四肢。汝今终日向外驰求，为名、为利，这都是为著躯壳外面的物事。汝若为着耳、目、口、鼻、四肢，要非礼勿视、听、言、动时，岂是汝之耳、目、口、鼻、四肢自能勿视、听、言、动？须由汝心。这视、听、言、动皆是汝心。汝心之视发窍于目，汝心之听发窍于耳，汝心之言发窍于口，汝心之动发窍于四肢。若无汝心，便无耳、目、口、鼻、四肢。所谓汝心，亦不专是那一团血肉。若是那一团血肉，如今已死的人，那一团血肉还在，缘何不能视、听、言、动？所谓汝心，却是那能视、听、言、动的，这个便是性，便是天理。有这个性，才能生这性之生理，便谓之仁。这性之生理，发在目便会视，发在耳便会听，发在口便会言，发在四肢便会动，都只是那天理发生，以其主宰一身，故谓之心。这心之本体，原只是个天理，原无非礼。这个便是汝之真己，这个真己是躯壳的主宰。若无真己，便无躯壳。真是有之即生，无之即死。汝若真为那个躯壳的己，必须用着这个真己，便须常常保守着这个真己的本体，戒慎不睹，恐惧不闻，惟恐亏损了他一些。才有一毫非礼萌动，便如刀割，如针刺，忍耐不过，必须去了刀，拔了针。这才是有为己之心，方能克己。汝今正是认贼作子，缘何却说有为己之心不能克己？"

【译文】

萧惠问："自己的私欲实在难以克除，该怎么办？"

先生说："说出你的私欲来，我来替你克除。"又说，"人必须要有为自己着想的心，才能克己。能够克己，才能成就自己。"

萧惠说："我也很有为自己着想的心，不知为什么不能克除私欲？"

先生说："你先说说你为自己着想的心是什么样子的？"

萧惠思考了很久，说："我也一心想要做个好人，就认为自己很有为自己着想的心。现在想想，看来也只是为外表的躯壳，而不是为真正的自己。"

先生说："真正的自己怎么能离开躯壳呢？恐怕你连那躯壳也没能为它着想。你所说的躯壳的自己，难道不是指耳、目、口、鼻以及四肢吗？"

萧惠说："正是为了这些，眼睛要追求美色，耳朵要追求美声，嘴巴要追求美味，四肢要追求逸乐，因此无法克除私欲。"

先生说："美色使人目盲，美声使人耳聋，美味使人口味败坏，驰骋田野使人发狂，这些都是危害你的耳、目、口、鼻和四肢的，怎么能说是为了你的耳、目、口、鼻、四肢着想呢？如果是为了耳、目、口、鼻、四肢，就必须考虑耳朵怎么听，眼睛怎么看，嘴巴怎么说，四肢怎么动，必须做到不符合良知的不看、不听、不说、不动，这才能成就耳、目、口、鼻、四肢，这才是为耳、目、口、鼻、四肢着想。现在你整日向外探求，追求名利，这都是在追求躯壳之外的事物。你如果为了耳、目、口、鼻、四肢，要做到不符合良知的不去看、听、说、动时，怎么会是你的耳、目、口、鼻、四肢自己能做到不看、不听、不说、不动呢？一定是由你的内心主宰着。你内心的看是通过眼睛来实现，你内心的听是通过耳朵来实现，你内心的言语是通过嘴来实现，你内心的运动是通过四肢来实现。如果没有你的心，也就没有耳、目、口、鼻、四肢。所说的你的心，也不仅仅指那一团血肉。如果只指那一团血肉，那么已经死去的人，那一团血肉还在，为什么不能看、听、说、动了呢？你的心就是那能够看、听、说、动的，这就是性（**心如明镜**），就是天理（**心如明镜**）。有了这个性，才能产生本性上的天理（**心如明镜**），就称之为仁。这生生不息的天理（**心如明镜**），表现在眼睛就会看到，表现在耳朵就会听到，体现在嘴巴就能说话，体现在四肢就能活动，这都只是因为天理（**心如明镜**）在发挥作用。因为天理（**心如明镜**）主宰人的身体，所以称为心。心的本体，原本就只是天理（**心如明镜**），原本没有不符合良知的事。这就是你真正的自己，这个真正的自己是躯壳的主宰，如果没有真正的自己，就没有躯壳。真是有了它人就有生命，没有它人就会死去。你如果真为了那个躯壳的自己，就必须借助这个真正的自己，就必须常常保持自己真正的本体，做到在人看不到的地方也常警惕谨慎，在人听不到的地方也常唯恐有失，唯恐亏损了一点儿真正的自己，刚有一点点不符合良知的念头，就如同被刀割、被针刺一样无法忍受，必须去除刀、拔掉针。这才是有为自己着想的心，才能克除私欲。你现在正是认贼作子，为什么却说有为自己着想的心而不能克除私欲？"

【点评】

心之本体即是心如明镜，时刻保护好它，不要让它被私欲蒙蔽而变成昏镜。

33. 贵目贱心

【原文】

有一学者病目，戚戚甚忧，先生曰："尔乃贵目贱心。"

【译文】

一个学者的眼睛患病，内心十分忧愁，先生说："你这是看重眼睛而轻视本心。"

【点评】

学者眼睛患病，内心十分忧愁，明镜之心变为昏镜之心。

理应克除忧愁，恢复到心如明镜。

估计此学者并没有这样用功。

故先生批评他贵目贱心。

34.知个天理

【原文】

"圣人无所不知，只是知个天理；无所不能，只是能个天理。圣人本体明白，故事事知个天理所在，便去尽个天理。不是本体明后，却于天下事物都便知得，便做得来也。天下事物，如名物度数、草木鸟兽之类，不胜其烦，圣人虽是本体明了，亦何缘能尽知得？但不必知的，圣人自不消求知；其所当知的，圣人自能问人，如'子入太庙每事问'之类。先儒谓'虽知亦问，敬谨之至'，此说不可通。圣人于礼乐名物不必尽知，然他知得一个天理，便自有许多节文度数出来。不知能问，亦即是天理节文所在。"

【译文】

先生讲："圣人无所不知，也只是知道个天理（**恢复到心如明镜**）；圣人无所不能，也只是懂得存天理（**恢复**

到心如明镜）。圣人的本体明白，因此知道事事的根本只在天理（**心如明镜**），便去尽个天理（**恢复到心如明镜**）。不是本体明白之后，就能知道天下的事物，就能做好天下的事物了。天下事物，像是名物度数、草木鸟兽之类，数不胜数。圣人的本体虽然是明白的，又怎么能知道所有的事物呢？但不必知道的，圣人自然不会求知；应该知道的，圣人自然能询问别人，就像'孔子进太庙，事事请教'之类。先儒所说的'虽然知道也要问，是恭敬谨慎的表现'，是说不通的。圣人对于礼乐名物不必全部知道。然而他知道一个天理（**恢复到心如明镜**），便自然有很多礼仪和规则呈现出来。不知道就问，这也是天理（**心如明镜**）的自然表现。"

【点评】

圣人极聪明的地方即是懂得在心上用功，培养一颗明镜之心，我们应向圣人学习。

35.致良知在格物上用功

【原文】

先生曰:"吾教人致良知在'格物'上用功,却是有根本的学问,日长进一日,愈久愈觉精明。世儒教人事事物物上去寻讨,却是无根本的学问。方其壮时,虽暂能外面修饰,不见有过,老则精神衰迈,终须放倒。譬如无根之树,移栽水边,虽暂时鲜好,终久要憔悴。"

【译文】

先生说:"我教人致良知(**恢复到心如明镜**)在'格物'(**克除私欲**)上下功夫,是有根本的学问,一天比一天更加进步,时间越长就越觉得精确明白。世上的学者教人在各种事物上去寻求探讨,却是没有根本的学问。在年轻力壮的时候,虽然可以暂时修饰外表,使人看不到过错,但老了之后精神衰迈,终究会无法支撑而倒下。就如同将无根的树木移栽到水边,虽然拥有暂时的鲜活和美好,时间长了终究会憔悴枯死。"

36. 只是无志

【原文】

问："读书所以调摄此心，不可缺的。但读之之时，一种科目意思牵引而来。不知何以免此？"

先生曰："只要良知真切，虽做举业，不为心累；纵有累亦易觉，克之而已。且如读书时，良知知得强记之心不是，即克去之；有欲速之心不是，即克去之；有夸多斗靡之心不是，即克去之。如此亦只是终日与圣贤印对，是个纯乎天理之心。任他读书，亦只是调摄此心而已，何累之有？"

曰："虽蒙开示，奈资质庸下，实难免累。窃闻穷通有命，上智之人恐不屑此；不肖为声利牵缠，甘心为此，徒自苦耳。欲屏弃之，又制于亲，不能舍去。奈何？"

先生曰："此事归辞于亲者多矣，其实只是无志。志立得时，良知千事万为，只是一事，读书作文，安能累人？人自累于得失耳。"因叹曰："此学不明，不知此处耽搁了几多英雄汉！"

【译文】

有人问："读书是调节内心不可缺少的功夫。但读书的时候，难免有种为了科举考试的意思生出来。怎样避免这样的情况呢？"

先生说："只要良知是真切的，即使是为了科举考试，内心也不会被牵累；即使有所牵累，也容易发觉和克除。就如同读书的时候，良知知道有强记的心是不对的，就克除了它；知道有追求速度的心是不对的，就克除了它；知道有争强好胜的心是不对的，就克除了它。像这样只是终日与圣贤相互印证，就是一颗纯净的天理（**恢复到心如明镜**）的心了。任凭如何读书，也只是调节内心而已，哪里会有所牵累呢？"

问："虽然承蒙老师的开导，奈何我的天资平庸低下，实在摆脱不掉科举功名的牵累。我曾听说穷困、通达是天命注定的，天资聪颖的人，恐怕不屑于此；我这种不肖的人被声名利禄所牵累，甘心为科举而读书，只能为此感到苦恼。想要摒弃这个念头，又被亲人所牵累，不能克除，怎么办才好呢？"

先生说："将这件事归咎于亲人的人很多，其实只是自己没有志向（**内心时刻想着要恢复到心如明镜的志向**）。志向（**内心时刻想着要恢复到心如明镜的志向**）确立之后，在良知之下，任何事都只是一件事（**恢复到心如明镜**），读书、写作怎能会牵累人呢？是人自己被得失牵累而已。"先生因此又感叹道："因为这个学问不明，不知耽搁了多少英雄好汉！"

37. 依此良知忍耐做去

【原文】

又曰："诸君功夫，最不可助长。上智绝少，学者无超入圣人之理，一起一伏，一进一退，自是功夫节次。不可以我前日用得功夫了，今却不济，便要矫强做出一个没破绽的模样。这便是助长，连前些子功夫都坏了。此非小过。譬如行路的人遭一蹶跌，起来便走，不要欺人做那不曾跌倒的样子出来。诸君只要常常怀个'遁世无闷，不见是而无闷'之心，依此良知，忍耐做去，不管人非笑，不管人毁谤，不管人荣辱，任他功夫有进有退，我只是这致良知的主宰不息，久久自然有得力处，一切外事亦自能不动。"

又曰："人若着实用功，随人毁谤，随人欺慢，处处得益，处处是进德之资。若不用功，只是魔也，终被累倒。"

【译文】

先生又说："各位的功夫，最不可揠苗助长。聪明绝顶的人非常少，学者没有一下子达到圣人境界的道理，一起一伏，一进一退，就是功夫的顺序。不能我前几天下了功夫，今天没有下足功夫，还要勉强做出一副没有破绽的样子。如果这样做就是揠苗助长，连前几天的功夫都被损害了。这不是小过错。譬如走路的人摔了一跤，爬起来便继续走，不要装出一副没有摔倒过的样子来欺骗别人。各位只要常常怀有'遁世无闷，不见是而无闷'的心，依照良知耐心用功，不要管别人的非议、嘲笑，不要管别人的诋毁、诽谤，不要管别人的荣辱、得失，任凭功夫有进有退，只坚持这个致良知（**恢复到心如明镜**）的劲头不变，长久不息，自然有得力的地方，不再被一切外事而干扰。"

先生又说："人若是踏实用功，任凭别人诋毁、诽谤，任凭别人欺负、怠慢，处处都能得益，处处都是培养德行的资本。如果不用功，各种私欲就会成为魔障缠绕自身，最终会被它们牵累倒下。"

【点评】

克除私欲恢复到心如明镜的过程，其间定会有起起落落，这又有什么关系呢？

只要有不到黄河心不死的决心，自然会一天天进步，从而恢复到心如明镜。

38.思无邪

【原文】

问："'思无邪'一言，如何便盖得三百篇之义？"

先生曰："岂特三百篇，六经只此一言便可该贯，以至穷古今天下圣贤的话，'思无邪'一言也可该贯。此外更有何说？此是一了百当的功夫。"

【译文】

有人问："'思无邪'（**心如明镜**）这句话，怎么能概括《诗经》三百篇的含义呢？"

先生说："岂止是《诗经》的三百篇，这一句话都可以贯通'六经'。以至穷尽古今天下圣贤的话，'思无邪'（**心如明镜**）这一句话都可以贯通。此外还有什么说法呢？这是一了百了的功夫。"

【点评】

此心无私欲之蔽方能称为"思无邪"。

故"思无邪"即是天理，即是心如明镜！

39.道心人心

【原文】

问"道心""人心"。

先生日:"'率性之谓道',便是'道心';但着些人的意思在,便是'人心'。'道心'本是无声无臭,故曰'微'。依着'人心'行去,便有许多不安稳处,故曰'惟危'。"

【译文】

就"道心""人心",向先生请教。

先生说:"'率性之谓道',就是'道心'(**心如明镜**);只要添加了一些人的私欲,就是'人心'。'道心'本来是无声无味的,所以说'微'。依照'人心'做事,便会有许多不安稳的地方,所以说'惟危'。"

40.圣人之志

【原文】

何廷仁、黄正之、李侯璧、汝中、德洪侍坐。先生顾而言曰:"汝辈学问不得长进,只是未立志。"

侯璧起而对曰:"珙亦愿立志。"

先生曰:"难说不立,未是'必为圣人之志耳'。"

对曰:"愿立'必为圣人之志'。"

先生曰:"你真有圣人之志,良知上更无不尽。良知上留得些子别念挂带,便非'必为圣人之志矣'。"

洪初闻时心若未服,听说到此,不觉悚汗。

【译文】

何廷仁、黄正之、李侯璧、汝中、德洪陪伴先生坐着。先生看着大家说道:"大家的学问没有长进,只因为没有立志(**内心时刻想着要恢复到心如明镜**)。"

侯璧站起来对先生说:"我也愿意立志。"

先生说："很难说你没有立志，未必立的是圣人之志（**内心时刻想着要恢复到心如明镜的志向**）。"

侯璧回答说："我愿意立志一定做圣人。"

先生说："你如果真有做圣人的志向，在良知上就不会有未尽的地方。良知上留下了一些其他牵挂，便不是一定做圣人的志向。"

德洪初次听讲的时候心中似乎还有些不服，听先生讲到这里，不由得流下了汗水。

41. 良知是造化的精灵

【原文】

先生曰："良知是造化的精灵。这些精灵，生天生地，成鬼成帝，皆从此出，真是与物无对。人若复得他完完全全，无少亏欠，自不觉手舞足蹈，不知天地间更有何乐可代！"

【译文】

先生说："良知（**心如明镜**）是造化的精灵。这些精灵，生天生地，成鬼成帝，这些都是从良知当中出来的，真是无不具足，无不圆满。人若是能完完全全地将它恢复，没有一点儿欠缺，自然能不知不觉间手舞足蹈，不知道天地间还有什么快乐可以替代它！"

42. 心外无物

【原文】

先生游南镇。一友指岩中花树问曰："天下无心外之物，如此花树，在深山中自开自落，于我心亦何相关？"

先生曰："你未看此花时，此花与汝心同归于寂；你来看此花时，则此花颜色一时明白起来，便知此花不在你的心外。"

【译文】

先生游览南镇。一位友人指着岩石上开花的树木，问道："既然天下没有心外之物，比如这棵开花的树，在深山中自开自落，与我的心又有什么关系？"

先生说："你还没看到这朵花的时候，这朵花与你的心一同归于寂静；你来到这里看到这朵花的时候，这朵花的颜色就在这一刻显现出来，你便知道这朵花不在你的心外了。"

【点评】

"心外无物"即是"心外无事"。

未看此花时，心中便无此花一事。

看到此花时，心中便有了此花一事。

43.麈尾安在

【原文】

一友问功夫不切。

先生曰:"学问功夫,我已曾一句道尽。如何今日转说转远,都不着根?"

对曰:"'致良知'盖闻教矣。然亦须讲明。"

先生曰:"既知'致良知',又何可讲明?良知本是明白,实落用功便是。不肯用功,只在语言上转说转糊涂。"

曰:"正求讲明致之之功。"

先生曰:"此亦须你自家求,我亦无别法可道。昔有禅师,人来问法,只把麈尾提起。一日,其徒将其麈尾藏过,试他如何设法。禅师寻麈尾不见,又只空手提起。我这个良知就是设法的麈尾,舍了这个,有何可提得?"

少间,又一友请问功夫切要。

先生旁顾曰："我麈尾安在？"

一时在坐者皆跃然。

【译文】

一位友人就功夫不够真切的问题向先生请教。

先生说："做学问的功夫，我从前已经用一句话说明白了。为什么如今越说越远，连根本都抓不住了呢？"

对方回答道："关于'致良知'（**恢复到心如明镜**）已经听过您的教诲了，然而还是需要讲解明白些。"

先生说："既然知道'致良知'（**恢复到心如明镜**），又还有什么需要讲解明白的呢？良知本来就是明白的，踏实地下功夫就行了。不肯下功夫，只在言语中会越说越糊涂。"

对方回答道："正是请求您讲明白'致良知'（**恢复到心如明镜**）的功夫。"

先生说："这必须你自己去追求寻找，我也没有其他办法可以讲解。曾经有一位禅师，有人来找他问法，他只把拂尘提起来。有一天，他的弟子把他的拂尘藏了起来，想要试试他还如何去讲法。禅师找不到拂尘，只是空着手做了个提拂尘的动作。我所讲的这个良知（**心如明镜**）就是讲法的拂尘，除了这个，还有什么可提的呢？"

过了一会儿，又有一位友人向先生请教功夫的要点。

先生往身旁看了看，说："我的拂尘在哪儿呢？"

一时，在座的人都笑了。

【点评】

明白了"致良知"的真正含义，就要切实去用功，任何人都没有办法代替。

44.无知无不知

【原文】

先生曰："无知无不知，本体原是如此。譬如日未尝有心照物，而自无物不照。无照无不照，原是日的本体。良知本无知，今却要有知；本无不知，今却疑有不知。只是信不及耳。"

【译文】

先生说："本体（**心如明镜**）原本就是无知无不知的。譬如太阳不曾有心地去照耀万物，而又没有事物不被它所照耀。太阳的本体原本就是无意去照又无所不照。良知（**心如明镜**）原本就是无知的，如今却要它有知；原本就是无不知的，如今却怀疑它有不知。只是不够相信良知（**心如明镜**）罢了。"

45.离了事物为学却是着空

【原文】

有一属官，因久听讲先生之学，曰："此学甚好，只是簿书讼狱繁难，不得为学。"

先生闻之曰："我何尝教尔离了簿书讼狱，悬空去讲学？尔既有官司之事，便从官司的事上为学，才是真'格物'。如问一词讼，不可因其应付无状，起个怒心；不可因他言语圆转，生个喜心；不可恶其嘱托，加意治之；不可因其请求，屈意从之；不可因自己事务烦冗，随意苟且断之；不可因旁人谮毁罗织，随人意思处之。这许多意思皆私，只尔自知，须精细省察克治，惟恐此心有一毫偏倚，枉人是非。这便是'格物''致知'。簿书讼狱之间，无非实学。若离了事物为学，却是着空。"

【译文】

有一位下属官员，常听先生讲学，他说："先生讲的学问确实很好，只是我日常要处理的文件繁多，案子难断，没时间去用功。"

先生听了对他说："我什么时候让你放弃文件和案子，凭空去用功？你既然日常需要断案，就从断案的事上学习，这样才是真正的'格物'。比如你审一个案子，不可因为对方应对无理，就起个怒心；不能因为对方讲话圆滑，就起个喜心；不能因为厌恶对方的请托，而产生故意整治他的心；不能因为对方哀求，而产生迁就宽容他的心；不能因为自己工作繁忙，而产生草率结案的心；不能因为旁人诋毁罗织，而产生按别人的意思去处理的心。以上讲的情况都是私心杂念，只有你自己知道，必须仔细反省体察克治，唯恐心中有丝毫偏倚而枉人是非。这就是'格物''致知'。处理文件、断案子，无不是实实在在的学问。如果离开了具体的事物凭空去做学问，反而是空谈不着边际。"

【点评】

不能因为对方应对无理，就起个怒心。

不能因为对方讲话圆滑，就起个喜心。

不能因为厌恶对方的请托，而产生故意整治他的心。

不能因为对方哀求，而产生迁就宽容他的心。

不能因为自己工作繁忙，而产生草率结案的心。

不能因为旁人诋毁罗织，而产生按别人的意思去处理的心。

以上是先生列举下属官员在工作中可能会产生的种种私欲，告诉他工作正是用功的大好机会。

46.四句教

【原文】

丁亥年九月，先生起复，征思、田，将命行。时德洪与汝中论学，汝中举先生教言曰："无善无恶是心之体，有善有恶是意之动，知善知恶是良知，为善去恶是格物。"

德洪曰："此意如何？"

汝中曰："此恐未是究竟话头。若说心体是无善无恶，意亦是无善无恶的意，知亦是无善无恶的知，物是无善无恶的物矣。若说意有善恶，毕竟心体还有善恶在。"

德洪曰："心体是天命之性，原是无善无恶的。但人有习心，意念上见有善恶在。格、致、诚、正、修，此正是复那性体功夫。若原无善恶，功夫亦不消说矣。"

是夕侍坐天泉桥，各举，请正。

先生曰:"我今将行,正要你们来讲破此意。二君之见,正好相资为用,不可各执一边。我这里接人,原有此二种:利根之人,直从本原上悟入,人心本体原是明莹无滞的,原是个'未发之中',利根之人一悟本体,即是功夫,人己内外一齐俱透了;其次不免有习心在,本体受蔽,故且教在意念上实落为善去恶,功夫熟后,渣滓去得尽时,本体亦明尽了。汝中之见,是我这里接利根人的;德洪之见,是我这里为其次立法的。二君相取为用,则中人上下皆可引入于道;若各执一边,眼前便有失人,便于道体各有未尽。"

既而曰:"已后与朋友讲学,切不可失了我的宗旨:'无善无恶是心之体,有善有恶是意之动,知善知恶是良知,为善去恶是格物。'只依我这话头,随人指点,自没病痛,此原是彻上彻下功夫。利根之人,世亦难遇。本体功夫一悟尽透,此颜子、明道所不敢承当,岂可轻易望人?人有习心,不教他在良知上实用为善去恶功夫,只去悬空想个本体,一切事为俱不着实,不过养成一个虚寂。此个病痛不是小小,不可不早说破。"

是日德洪、汝中俱有省。

【译文】

嘉靖六年（1527年）九月，先生被朝廷重新起用，讨伐思恩和田州。受命启程前，钱德洪和王汝中讨论了学问。汝中列举先生教诲的话说："无善无恶是心之体，有善有恶是意之动，知善知恶是良知，为善去恶是格物。"

德洪说："这几句话说得怎么样？"

汝中说："这几句话恐怕说得不够完全。若是说心之本体是无善无恶（**心如明镜**）的，意就也是无善无恶的，知也是无善无恶的，物也是无善无恶的。若是说意是有善有恶的，心体上毕竟还有善恶存在。"

德洪说："心之本体是天命的性，原本就是无善无恶的。但人有受到私欲侵染的心，意念上就有善恶存在。格物、致知、诚心、正意、修身，这正是恢复天性本体的功夫（**恢复到心如明镜**）。若是原本就没有善恶，功夫也就不需要再说了。"

这天晚上，在天泉桥侍奉先生坐着时，德洪和汝中都讲了自己的见解，以此请先生赐教。

先生说："如今我将要远行，正想帮你们讲破这其中的意思。两位的见解，正好可以相互补充，不可以偏执一方。我教导人原本有两种方式：资质好（**接近心如明镜**）的人，让他直接从本体上体会、感悟。人心的本体原本就是明莹无滞的，原本是一个'未发之中'（**心如明镜**），利根之人一悟本体即是功夫，人己内外一齐俱透了（**恢复到心如明镜**）；另外也不免有心受到私欲侵染的人，本体受到蒙蔽，所以教导他在意念上实在地为善除恶，功夫纯熟以后，污秽彻底去除的时候，本体也就全部明净了。汝中的见解，是我用来教导资质好的人的；德洪的见解，是我用来教导资质差的人的。两位的见解相互补充来用，那么资质平平的人都可以被引领入道了；若是你们偏执一边，眼前就会有不能入正途的人，就各自都不能穷尽道体了。"

先生又说："你们今后对朋友讲学，千万不可丢弃我的宗旨：'无善无恶是心之体，有善有恶是意之动，知善知恶是良知，为善去恶是格物。'只要依照我这句话因人施教，自然就没有问题了，这原本就是贯通上下的功夫。资质好的人，世上很难遇到。对本体的功夫悟一下就全透彻明白，颜回、程颢也不敢当，岂能轻易指望他人？

人会有受到私欲侵染的心，不让他在良知上切实地下为善除恶的功夫，只凭空去想象一个本体，一切事都做得不切实，不过是修养出一个虚寂的模样。这个弊病不是小事，我不得不早早给你们讲清楚。"

这一天，钱德洪、王汝中都有所醒悟。

【点评】

无善无恶心之体。（心如明镜即是心之本体。）

有善有恶意之动。（本体所发之意是诚意即是善，私欲所发之意是私意即是恶。）

知善知恶是良知。（本体所发之意良知亦知之，私欲所发之意良知亦知之。）

为善去恶是格物。（克除私欲，恢复到心如明镜，本体所发之意，意未有悬空，必着事物，故物得以格。）

"四无"（心体、意、知、物无善无恶）分析：

无善无恶心之体。（心如明镜即是心之本体。）

意是无善无恶的意。（无私欲，即是恢复到心如明镜，只是本体所发之意，本体即是无善无恶，故其意亦无善无恶。)

　　知是无善无恶的知。(无私欲,即是恢复到心如明镜,本体即是无善无恶,即是良知,故知亦是无善无恶。)

　　物是无善无恶的物。(无私欲,即是恢复到心如明镜,本体即是无善无恶,故所发之意亦是无善无恶,意未有悬空,必着事物,故物亦是无善无恶。)

　　内心无私欲,即是内心时刻保持心如明镜,这样的人方能称为利根人。此种人极其少见,即便是颜回、程颢也不能算是。利根人以下,其心就像污垢斑斑的镜子一样,需先立志,然后痛下打磨的功夫才可以。用功久了,这样一有私欲便能克除,也不费什么力气。如此便能轻易恢复到心如明镜,故讲不宜采用"四无"来接引人。